Elimina tu
ESTRÉS

Identifica los factores del estrés y aprende consejos acerca de cómo deshacerte de ellos.

Elimina tu
ESTRÉS

Identifica los factores del estrés y aprende consejos acerca de cómo deshacerte de ellos.

Jyotsna Codaty

Grupo Editorial Tomo, S. A. de C. V.
Nicolás San Juan 1043
03100 México, D. F.

1a. edición, octubre 2010.

Nicolás San Juan 1043, Col. Del Valle. 03100, México, D.F.
Tels. 5575-6615 • 5575-8701 y 5575-0186
Fax. 5575-6695
http://www.grupotomo.com.mx
ISBN-13: 978-607-415-224-1
Miembro de la Cámara Nacional
de la Industria Editorial No. 2961

Traducción: Rodolfo Perea
Diseño de portada: Karla Silva
Formación tipográfica: Francisco Miguel M.
Supervisor de producción: Leonardo Figueroa

Impreso en México - *Printed in Mexico*

DEDICATORIA

Este libro está dedicado a mi familia, quienes resistieron conmigo mis momentos de estrés, a mis innumerables amigos, quienes me ayudaron en cada paso y a mis lectores, quienes espero que ¡SONRÍAN!

Prefacio

Este libro es un libro feliz.
Este libro es acerca de disfrutar la vida.
Este libro es acerca de tomar decisiones.

Al mismo tiempo, es importante reconocer que no se eligen todos los resultados en la vida. Lo que se intenta aclarar es lo que las personas pueden controlar y lo que no pueden controlar.

Los temas de este libro son:

- El estado de salud de una persona es, en gran medida, su responsabilidad.
- Crear conciencia, de manera que se puedan tomar decisiones sobre el estilo de vida.
- Enfatizar que los problemas no son comunes a todos los individuos, como no lo son las reacciones a ellos. Obviamente las soluciones son cuestión de decisiones. No están definidas por aéreas en blanco o negro.

El libro es positivo; su énfasis está en qué hacer y no tanto en qué no hacer.

Jyotsna Codaty

Contenido

1

El comienzo

Érase una vez, cuando la gente era feliz casi todo el tiempo. Tenían una tierra pequeña, ellos hacían sus propias ropas, cazaban su propia comida y construían sus propias casas, dependiendo de donde vivían. Encontraban a su pareja para toda la vida, hacían el amor, tenían hijos, y los hijos crecían y hacían lo mismo que hicieron sus padres.

Tenían bastantes problemas. Tenían animales salvajes de los que se tenían que proteger. Estaban concentrados en su siguiente comida, tenían diluvios e incendios, y convivían con otros seres humanos; tenían disputas, algunas de ellas se resolvían y las otras terminaban derramando sangre. Tenían invasores a quienes combatir y de los cuales defenderse… en general, tenían una vida, tiempo libre, vivían y morían sin mucha dificultad.

A través de los siglos, la sociedad construyó sus murallas y sus dogmas alrededor del hombre. La vida siguió pautas fijas. Las casas mejoraron, la ropa se volvió más fina. La comida se cocinaba según normas establecidas; se instauró una jerarquía social, se colocaron arneses en los animales para que trabajaran en el campo y para que tiraran de carruajes. Algunos se domesticaron, como el mejor amigo del hombre. Se fabricaron herramientas simples, y así los hombres y las mujeres continuaron viviendo a un paso sin prisa.

Había diluvios, incendios, invasores a quienes combatir y a quienes engañar. Había dinero por ganar, ropa y casas que comprar, y seres humanos, había peleas y conflictos: por territorio, por dinero y por mujeres. En general, tenían una vida de ocio, con muchos trabajos manuales pesados, que hacían que el hombre se sintiera cansado y sin embargo se sintiera satisfecho al final del día. Era un día difícil para la mujer que tenía que hacer muchísimas cosas en la casa, cuidando a los animales, recolectando la leña, cocinando para familias grandes y al final del día, aunque estaba cansada, se sentía feliz.

Hoy en día, tenemos nuestras casas, nuestros carros, nuestras computadoras y todo un conjunto de artilugios que nos ayudan a llevar a cabo diferentes cosas. Tenemos nuestros organizadores que nos recuerdan lo que necesitamos terminar el día de hoy. No tenemos que pelear en la guerra, nuestros gobiernos hacen eso por nosotros, y tenemos a la televisión y a los medios de comunicación para que nos digan lo que está pasando alrededor del mundo. Además tenemos que luchar contra un sistema que es tan deficiente que la mayoría de nuestro tiempo se gasta, si no en combatirlo, al menos en hablar sobre él. Y tenemos doctores que nos dicen que tenemos que relajarnos y que nos preguntan: ¿estás estresado? Y le pagamos a maestros, doctores, gurús para que nos digan cómo deshacernos del estrés.

Estamos estresados mientras dormimos. Estamos estresados al levantarnos, al estar mal alimentados por comer las cosas incorrectas; estamos estresados por nuestros hijos o estamos tan estresados que no podemos tener hijos.

Nos estresamos para tener un mejor empleo o por mantener el que tenemos. Estamos estresados por no tener la ayuda doméstica adecuada, o estamos estresados por encontrar una ayuda mejor, y estamos tan estresados que incluso nuestro hijo de tres años de edad ¡está estresado y necesita terapia!

"Detén el mundo. ¡Quiero bajarme!"

¿Alguna vez has sentido que quieres gritar estas palabras, o por lo menos decírtelas a ti mismo? Más aún, ¿la paz del mundo de hoy en día te ha incitado a ser como este granjero, que descansó al lado del arroyo, cantando una canción? Su sencilla vida le trajo muchísima tranquilidad y eso definitivamente es digno de imitar.

> Que tenga un catre junto a la colina;
> el zumbido de un panal calmará mi oído;
> Un arroyo estrecho que hace girar el molino,
> y habrá muchos otoños que perdurarán cerca de mí.
> La golondrina, que frecuentemente descansa bajo mi techo
> gorjeará desde su nido de arcilla;
> a menudo tocará a mi puerta un peregrino

y un invitado compartirá mi mesa.
Alrededor de mi porche florecerán
fragantes capullos cubiertos de rocío;
y Lucy, en su rueca, cantará
con su vestido rojizo y su delantal azul.
La iglesia del pueblo rodeada de árboles
donde pronunciamos nuestros votos de amor
eleva sus alegres campanadas en la brisa
y su torre se eleva hacia el Cielo.

S. Rogers

¡Quisiera que la vida fuese tan simple, como si fuera cuestión de tener una cabaña en la colina con un arroyo al lado y tu esposa tarareando una canción! En algún lugar del camino, nos embrollamos tanto con el mundo que nos rodea que hemos cambiado. Cambiamos tanto que nuestras metas en la vida aparentan estar alteradas hasta el grado en que parece que simplemente vivimos. Hemos cambiado para convertirnos en una sociedad activamente consumista y existencialista.

El hombre primitivo les temía a los animales salvajes y la mayoría moría mientras cazaba. Conforme pasó el tiempo, otras formas de vida, mucho más pequeñas, comenzaron a absorber lo mejor que él tenía. El ser humano comenzó a padecer diferentes enfermedades causadas por bacterias. Actualmente, de nuevo estamos a punto de alcanzar la victoria; con nuestra inteligencia y esfuerzo hemos conquistado a muchas de esas bacterias y hemos librado al mundo de casi todas ellas. Pero nos convertimos en presa de enfermedades que nosotros mismo fabricamos, enfermedades causadas por nuestro estilo de vida y enfermedades causadas por nuestras malas decisiones.

Corriendo, en sentido metafórico, para mantener el paso con nuestros demonios internos, para poner en nuestra psique nuestras ambiciones y deseos siempre crecientes, todo en el nombre de mantener el paso con los tiempos modernos y justificando que en el mundo competitivo actual no hay lugar para la complacencia.

¿No nos merecemos algunas respuestas antes de comenzar a entender los supuestos caprichos de las formas de vida presentes?

¿No nos debemos un buen plan de salud?
¿No nos debemos un sentido de autoestima?

¿No nos debemos el derecho de elección?
¿No nos debemos una vida libre del estrés?

Para darte cuenta del caos creado por nuestra actitud, comenzaré con algunas estadísticas, no es lo más emocionante al principio, pero es un punto desde donde obtenemos una buena perspectiva acerca de los temas en cuestión. Las causas primarias de enfermedad y muerte en el siglo pasado y en este siglo han sido:

Siglo XX	**Siglo XXI**
Tuberculosis	Enfermedad del corazón
Neumonía	Cáncer
Apoplejía	Accidentes
Enfermedades infecciosas	Suicidio
Enfermedades renales	Diabetes
	Abuso de drogas
	Enfermedad pulmonar
	Apoplejía
	VIH SIDA

Notarás que el perfil de mortalidad y morbosidad han cambiado totalmente desde el siglo pasado y eso va más allá del control que uno tiene para saber que la decisión fue incorrecta. Eso eres tú, quien nació en la década de 1950 o después, y reconocerá con certeza los cambios en los patrones de las enfermedades y también en la reacción de las personas hacia ellos. En esos días, un ataque al corazón era algo que pasaba cuando uno tenía unos cincuenta años y había muy poco que se pudiera hacer. En la década de 1970 se convirtió en la enfermedad que afectaba a los que tenían 40 años de edad, y cuando entramos a la década de 1980, la gente comenzó a emigrar con un nuevo conjunto de arterias. Esto no redujo la incidencia de ataques al corazón. Aunque las víctimas sólo tienen alrededor de 30 años, tienen muchas posibilidades de que las afecte el estrés.

Lo mismo sucede con el número creciente de cánceres, o de enfermedades más nuevas, como el VIH SIDA. Aunque en el nuevo milenio parece que vemos cierta luz al final del túnel.

La oleada de conciencia comenzó, y su efecto se esparcirá. ¡La era de las elecciones ha comenzado!

Para empezar a aclarar lo que nos está dando problemas, es esencial definir primero la condición del "bienestar".

Y comenzaremos esta búsqueda en el viaje del autodescubrimiento.

Un viaje donde buscaremos lo que realmente queremos en la vida.

Un viaje para definir un tú nuevo y real.

❑❑

2

Las etapas del estrés

Un hombre debe saber cómo vivir en buenos términos consigo mismo, cómo manejarse y controlarse y algunas veces mejorarse. "Haz que tu actividad sea la de conocerte a ti mismo", dijo Cervantes. "Lo cual", él agregó, "es la lección más difícil en el mundo".

¿Qué es exactamente la salud?

La salud es una condición de completo bienestar físico, mental y social, no simplemente una ausencia de padecimiento y enfermedad.

Ser libre de enfermedades no es suficiente. Uno necesita un bienestar emocional, interpersonal, social, intelectual y espiritual.

Debemos de tomar responsabilidad por nosotros para conservarnos saludables. Mantenernos bien, tener seguridad y, en la medida de lo posible, estar en control de nuestro pequeño mundo.

Hay algo que nos impide realizar está actividad y nos impida estar en control de las situaciones. Este dominio fastidioso y persistente es el ESTRÉS, ESTRÉS y **ESTRÉS**. Aunque es muy común echarle la culpa al estrés de todas las enfermedades, ¿nos damos cuenta siquiera de qué es exactamente el estrés?

El estrés es simplemente la respuesta no específica del cuerpo a cualquier requerimiento que se le hace. Explicado en forma sencilla, el estrés es algo que le sucede a tu cuerpo siempre que te enfrentas a una situación determinada.

La situación puede ser cualquier cosa, desde una enfermedad que pone en peligro la vida, hasta simplemente llegar tarde al trabajo; desde perder un amor, hasta ser admitido en una escuela; desde emigrar de tu ambiente conocido hasta una disputa familiar.

Dos individuos no reaccionan al mismo estrés en la misma forma, o ni siquiera consideran que la misma situación produzca estrés.

El estrés no es un sinónimo de la tensión nerviosa o la ansiedad, como se cree comúnmente. El estrés tiene sus buenos aspectos, y un nivel óptimo proporciona los medios para expresar talentos y energías y para buscar la felicidad. Lo importante que hay que recordar es que el estrés es normal y esencial.

¿Es malo el estrés?

No. De hecho, el estrés es un *factor de motivación.* Sólo el estrés que es continuo y que se acumula es el que produce un deterioro para la salud. El estrés se necesita para realizar actividades.

Antes de que comencemos a presentar lo que son exactamente las respuestas del cuerpo hacia el estrés, comencemos con la actitud de que un poco de tensión, un poco de ansiedad, en otras palabras, un poco de estrés es bueno y es un requisito esencial para nuestro bienestar.

Permíteme introducirte a esta familia que podría sería parecida a cualquier otra. Posiblemente en esta familia identificaremos un poco de alguien a quien conozcamos, o de alguien con el que tratemos en nuestra vida cotidiana; incluso podríamos identificar a nuestra propia persona.

Como en todas las historias familiares tenemos al abuelo, el señor Ramírez y su esposa, Camila. El señor Ramírez se jubiló como jefe de una oficina gubernamental, mientras que Camila permanecía en casa y cuidaba a los niños. Ellos tienen tres hijos. Vicente, el mayor, trabaja como científico en una oficina gubernamental y es-

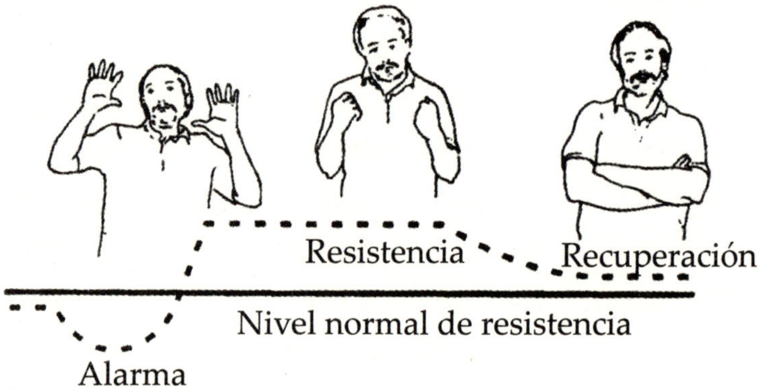

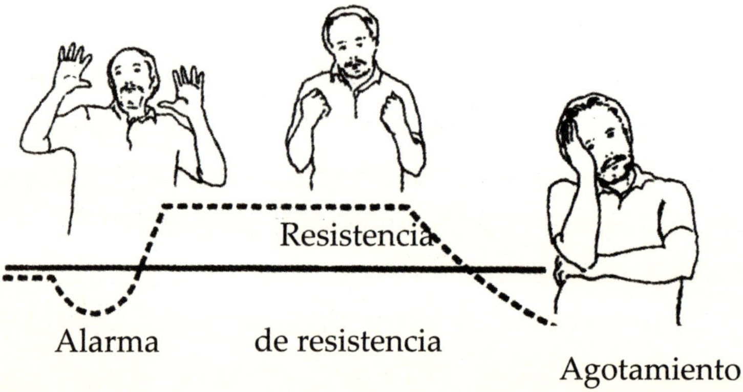

computadoras. Ellos tienen dos hijos, un niño de seis años y una niña de cuatro.

Anita, la hija del señor Ramírez es conferencista en una universidad y se casó recientemente con Gonzalo, un ingeniero que trabaja en una compañía privada en la misma ciudad. El hijo menor, Ramiro, soñaba con ir a la escuela de medicina, pero al no lograrlo, tuvo que renunciar a esa idea ya que sus padres no contaban con los recursos financieros para enviarlo a una universidad privada. Él ahora se está capacitando para ser un microbiólogo, pero sigue un poco molesto de que sus padres sí tuvieran el dinero para pagar la boda de Anita, pero rechazaran su petición para pagar su colegiatura en una universidad privada de medicina.

Todos ellos viven en una casa modesta, propiedad ancestral del señor Ramírez. Esta casa se hipotecó con el banco para obtener un préstamo para la boda de Anita. Vicente y Sarita contribuyen con el funcionamiento de la casa, y ocasionalmente hay una queja en la familia de que ellos deberían estar pagando el préstamo ya que a la larga, ellos serán los beneficiarios de la propiedad del señor Ramírez, según están las cosas. Sarita y su suegra se llevan racionalmente bien la mayor parte del tiempo. Sarita agradece no tener los problemas que tienen sus colegas con el cuidado de los niños, pero en ocasiones difiere de la opinión de su suegra respecto a diferentes aspectos de la crianza de los niños. Hay también ciertos conflictos cuando ella se permite algunos lujos respecto a la ropa y a la joyería. Los ancianos sienten que un poco de ahorro puede ayudar a pagar el préstamo.

Anita visita a sus padres los fines de semana con su marido. Aunque esto inicialmente fue bienvenido, Sarita siente que es una intromisión en su tiempo y en su espacio, mientras que los ancianos sienten que es un placer y que Sarita debería de apartarse de su rutina para atender a su cuñada y a su marido. Sarita está de mal humor durante los fines de semana, y se queja con su marido Vicente de que todo esto produce trabajo adicional y que al ser una mujer que cuenta con una carrera, ella también necesita descansar un poco. Vicente se siente incómodo de decirle esto a sus padres y en una ocasión extraña, cuando él intentó hacerlo, lo recibieron con una respuesta del tipo de "no seas un marido cobarde ante tu esposa". Con mucha frecuencia Vicente queda indefenso y Sarita se enoja con él. Esto se refleja también en los niños, y la abuela se queja de que no descansa lo suficiente. Sarita dice que ella está indefensa.

Ramiro empeora un poco esta situación al ser exigente en términos de que necesita buena ropa y unos platos elegantes para comer. Aprovecha cada oportunidad para recordarles a sus hermanos que lo han tratado como si tuviera una madrastra.

La vida sigue, con sus pequeños problemas y sus pequeñas discusiones. En esta familia, aparentemente feliz, hay una pequeña tensión, un pequeño desajuste y varios conflictos importantes. De ahora en adelante, estaremos al pendiente de ellos para entender el proceso del estrés.

Con los antecedentes de esta historia, veamos qué pasa cuando encontramos una situación estresante.

Uno puede responder con una, dos o todas las secuencias siguientes de eventos. Todos ellos ocurren en nuestro cuerpo durante diferentes periodos; esto generalmente determina nuestra actitud hacia la situación.

Etapa 1: La movilización de la energía

Cuando una persona se encuentra en una situación muy estresante, a la cual nosotros le llamamos el "factor de estrés", toda la actividad del cuerpo aumenta. Literalmente entra a alta velocidad. Comúnmente, se le llama la respuesta de "pelear o escapar". Usamos con frecuencia esta palabra para elevar la adrenalina. Científicamente, esto es exactamente lo que pasa. El cuerpo produce cantidades elevadas de esta hormona, llamada adrenalina, que le da al cuerpo una fuerza adicional.

Esta reacción es esencial y favorable para cualquiera de los factores de estrés. La situación podría ser tan simple como que un perro te persiguiera. La adrenalina adicional te da un impulso extra de velocidad para recuperarte y escapar de esa situación. Esto no es lo que necesariamente pasa en un momento desfavorable. Imagina que el hijo de Sarita está por participar en una carrera, las emociones mezcladas de ansiedad, el deseo de ganar el reto, todo esto se suma para indicarle al cuerpo que un *factor de estrés* se encuentra adelante, y el cuerpo responde dándole una descarga de adrenalina, suficiente para correr, y tal vez para ganar la carrera.

Lo que pasa en la primera fase se llama el buen estrés. Técnicamente, se llama el estrés primario.

Lo que sientes durante esta descarga de adrenalina es:

Tu corazón comienza a latir mucho más rápido de lo normal, y tus palmas comienzan a sudar.

¿No recuerdas qué pasa en este escenario completo cuando estás a punto de ir a una entrevista, o en un examen, o quizás cuando estás a punto de ser entrevistado por el funcionario que otorga las visas en el Consulado Americano, o incluso cuando tu jefe te llama para que le expliques algo?

Hay una ligera variante en esto, el estrés secundario, cuando sabes que el evento tiene que pasar, tú quieres que pase, pero al mismo tiempo estás muy tenso por eso. Algunos ejemplos comunes son, justo antes de tu boda, o un viaje largo, cuando te vas a ir por una asignación al extranjero y vas a dejar a tu familia por primera vez. O cuando sabes que tú o tu pareja necesitan una operación y estás muy tenso. Esto se refleja en tu cuerpo de la siguiente manera:

- Pérdida del apetito
- Respiración rápida
- Incremento del ritmo cardiaco y presión sanguínea
- Transpiración

Anita probablemente sintió todo esto justo antes de su boda, al igual que el señor Ramírez. Él tenía la tensión de hacer los arreglos financieros, pero también estaba feliz de que su hija se casara. Esta forma de estrés requiere un poco más para reducirse, y aquí la mente está consciente de que estás tenso ante una situación próxima que estás dispuesto a enfrentar. A pesar de tu disposición, la naturaleza misma del evento pone cierta cantidad de estrés en tu psique y durante algún tiempo, causa síntomas tales como perdida del apetito, etc. Parece que ésta es la fase en la que la mayoría de los poetas se vuelven muy elocuentes; la ansiedad y la calidad del misterio y la aprehensión que se describe como el dulce pesar y otras metáforas burlonas.

Esta fase inicial de movilización de energía es transitoria y termina pronto, cuando se completa el evento que causó el estrés.

Etapa 2: Agotamiento o consumo de la energía

Concluimos que la primera etapa terminaría al concluir el evento, ya sea que se trate de un examen, una carrera o una operación. ¿Qué sucede si la situación se prolonga o si el final no es satisfactorio? ¿Suponiendo que no te hubiera ido bien en la entrevista y que no estés seguro de los resultados? ¿O si el atleta perdió la carrera y está preocupado por las consecuencias de perder?

Tal vez Ramiro tiene una sensación de melancolía por no poder ir a la escuela de medicina. Él no ha podido ajustarse a su nueva carrera, aunque han pasado tres años desde que principio este curso. El señor Ramírez también siente ocasionalmente la tensión del préstamo que él ha recibido para el casamiento de Anita. Recientemente comenzó con alta presión sanguínea y ahora está bajo tratamiento. Su esposa, Camila, a veces se siente molesta por las pequeñas discusiones de la familia y siente que no la toman en cuenta. Ella no lo sabe todavía, pero está siendo victima del estrés.

Los problemas de Anita y Sarita se pueden categorizar dentro de la segunda etapa y una introspección honesta de su parte puede evitar que la tensión aumente en la familia. En especial, hay un potencial aquí para que Vicente se convierta en una persona estresada, además de que Sarita ya está sintiendo la tensión.

Si se hace un esfuerzo sincero para corregir el patrón de la conducta en este punto, al darse cuenta primero de que existe un problema, y con la introspección y el diálogo llegan a una solución acordada, entonces ellos pueden regresar felizmente a la etapa uno, o mantener el potencial de entrar a la etapa tres, desde donde el viaje a la normalidad se vuelve mucho más difícil.

Cuando no hay escape de la etapa uno, el cuerpo comienza a liberar azúcares y grasas almacenadas, consumiendo sus reservas. Esto es literalmente vaciar sus almacenes para hacer frente a la situación de estrés que continúa. El cuerpo comienza a:

— Sentirse cansado y fatigado.
— Sentir presión.
— Tener un aumento en la ansiedad.
— Tener un aumento en fumar, beber café y consumir alcohol.
— Perder la memoria.

Etapa 3: Agotamiento de la energía

Cuando un individuo no toma una acción correctiva durante algún tiempo en la etapa dos, el cuerpo consume más o menos todas sus reservas. Para ilustrar esto, pongamos el caso del deportista que no ganó una carrera. Está preocupado acerca de las repercusiones que tendrá sobre su carrera. Permite que esta cuestión domine sus procesos de pensamiento a tal grado, que incluso pierde la concentración sobre su entrenamiento rutinario. Puede esperarse que su desempeño se deteriore y esto, a su vez, agrava su ansiedad y aumenta sus niveles de estrés. O tomemos el caso del ejecutivo que no está seguro de su desempeño en la entrevista. Su ansiedad persiste y lo obstruye a tal grado que es incapaz de dar pasos constructivos. Cuando esto continúa sucediendo durante un periodo prolongado, lo conduce a:

— Una enfermedad cardiaca como consecuencia del descuido de la alta presión sanguínea.
— Ulceras estomacales.
— Cambios en la personalidad.
— Errores de juicio.

Al final de ello, el atleta afable, el ejecutivo sonriente y el abuelo amoroso sufren tal cambio en el temperamento que se convierten en el Sr. Refunfuñón y el Sr. Cascarrabias.

Ésta parece ser la etapa en la que Ramiro se encuentra justo ahora, él no está dispuesto a aceptar que no pudo entrar a la escuela de medicina y muestra cierta hostilidad hacia los otros debido a la situación.

Ramírez también se encuentra en un estado de tensión acerca de pagar el préstamo y acerca del hecho de que su hijo mayor, Vicente, no se haya mostrado cooperativo para apoyarlo en esto. Él esperaba que tanto su hijo como su esposa, Sarita, ayudaran. Ahora, se ha convertido en una fuente de preocupación, y con su alta presión sanguínea, está más mortificado de que después de que él haya fallecido, su esposa sienta que las dificultades aumentan.

Sarita y Vicente tal vez en poco tiempo se unan a este segmento si no dan pasos correctivos tan pronto como sea posible.

❑ ❑

3

Las causas del estrés

Examinemos las casusas del estrés. En la mayoría de los casos, los eventos y situaciones más grandes son fáciles de identificar y se pueden señalar. Pregúntale a cualquier persona que conozcas qué circunstancia considera que sea un *factor de estrés*: nueve de cada diez veces, la respuesta será las ocasiones en que perdiste a alguien querido, una hospitalización grave, preocupaciones financieras, problemas relacionados con la carrera, cambios importantes en la vida, como cambiar el lugar de residencia a otra ciudad; un divorcio, tensiones familiares, y así sucesivamente. A estos se les llama *eventos en la vida* y son identificados correctamente como *factores de estrés* incluso por la persona más ingenua. El préstamo de la casa del señor Ramírez y la boda de su hija están dentro de esta categoría. Como también el fracaso de Ramiro para poder entrar al curso de su elección.

Los otros tipos de *factores de estrés* se llaman líos cotidianos. Estos son los culpables de que nuestro cuerpo enfrente las amenazas de agresión día tras día. Ni siquiera nos damos cuenta de ello. Estos tipos de eventos se han vuelto, en gran medida, una parte integral de nuestra vida cotidiana en la sociedad, ya que los hemos aceptado como parte de nuestra forma de vivir. Es una cuestión dudosa el que nuestro cuerpo y psique los hayan aceptado con tanto aplomo como pensamos que lo hicieron. Manejar hacia el trabajo en hora pico; esperar la mayoría de las cosas que están más allá de nuestra comprensión, como pagar el recibo telefónico o reservar un boleto del ferrocarril; las fechas límites con las que hay que cumplir en la oficina; el ausentismo crónico de colegas que en forma inesperada aumentan tu carga de trabajo; conflictos en la vida personal, como discrepancias diarias entre los miembros de la familia por pequeños problemas. En esta categoría aparecen, en gran medida, los conflictos entre las cuñadas, conflictos entre suegras y nueras, y en algunos casos, conflictos entre vecinos.

Pequeños problemas como la irregularidad de la ayuda doméstica; escasez de agua; la tensión por el resultado de los exámenes de los niños que están en primero y segundo año, con una competencia extrema, de acuerdo a la opinión de los niños, y finalmente, pero no por esto es lo menos importante, mantenerse al día con las ofrendas que se tienen que hacer. Intencionalmente he listado un gran número de problemas, aparentemente inofensivos, para resaltar el efecto acumulativo de estas pequeñas cosas que causan problemas en un largo periodo. Todos los problemas observados de la familia Ramírez parecen estar en esta categoría.

En lo que respecta al estrés, es un proceso que se acumula. Cada pequeña cosa se agrega.

Ahora hemos aceptado que un número de problemas grandes y pequeños causen estrés en nuestra vida diaria. Habiendo llegado tan lejos, ¿cómo sabemos que nuestro cuerpo está reaccionando desfavorablemente? Algunos de los indicios más antiguos para detectar el estrés son:

— Irritabilidad general.
— Falta de sueño.
— Dolor de cabeza.
— Indigestión.
— Dolor en la nuca.
— Alta presión sanguínea que produce diferentes problemas cardiacos.
— Propensión a los accidentes.
— Estado tembloroso.
— Cambios de hábitos alimenticios y hábitos de sueño.
— Depresión.

Realicemos ahora un pequeño ejercicio de autoevaluación para establecer el índice de estrés.

Aquí hay unas cuantas preguntas que espero contestes espontáneamente y otorgues una calificación de 1 para cada "NO" y 2 para cada "SI".

- ¿Te enojas con facilidad?

- ¿Estableces metas irreales para ti o para tus compañeros de trabajo, tus subordinado o miembros de tu familia?
- ¿Haces todo por ti mismo?
- ¿Eres descortés muy a menudo?
- ¿Armas un lío por todo?
- ¿Evitas a personas cuyas ideas sean diferentes a las tuyas?
- ¿Te guardas todo lo que sientes?
- ¿Nunca ves un aspecto humorístico en ninguna situación?
- ¿Crees que sólo hay una manera correcta de hacer las cosas: no hay otras posibilidades o alternativas?
- ¿Chismorreas mucho?
- ¿Te quejas del pasado muy a menudo?
- ¿Te apresuras todos los días para realizar las actividades cotidianas?
- ¿Descuidas el ejercicio o actividades físicas?
- ¿Descuidas la dieta?
- ¿Tomas pastillas para dormir?

Si tienes 16 o menos en tu resultado, tienes buen control de tu vida, y no dejas que los pequeños problemas de la vida te agobien.

Si tu resultado está entre 16 y 22, necesitas pensar las cosas un poco, y querrás tomar algunos pasos correctivos.

Si tienes más de 22, realmente necesitas hacer una introspección e incluso considerar la posibilidad de recibir ayuda profesional.

Durante el tiempo que trabajé en una clínica, muchos pacientes llegaban quejándose de diversos dolores y achaques. Sólo los dejaba continuar hablando, y muy a menudo mencionaban algún problema familiar o de trabajo que no se relacionaba en absoluto con su padecimiento. Esto generalmente se mencionaba como "A propósito", o se introducía a manera de conversación.

Cuando se pregunta por adelantado si la persona está bajo muchísimo estrés, la respuesta generalmente es una negación. Sin embargo la persona no está intentando esconder algo, aunque, ocasionalmente hasta eso puede pasar. Lo que pasa es que no percibe ese "algo" como un problema especial que quizá se refleje en su forma general de sentirse "mal". Lo ilustraré con algunos ejemplos comunes para resaltar situaciones que tienen un potencial de ser *factores de estrés*. De nuevo, la comida de un hombre es el veneno de otro, y lo mismo sucede con situaciones y eventos. Cada individuo es el mejor juez para darse cuenta de cuál es la situación que le disgusta.

Situación 1: Andrés es un ejecutivo que está subiendo rápidamente por la escalera corporativa. Es inteligente y ambicioso. Esta mañana se levantó tarde, y estaba tratando de poner sus cosas en orden cuando su esposa le dijo que necesitaba que la llevara a su trabajo. Andrés está disgustado por este cambio de planes de último minuto. Él se apresura, y desafortunadamente el tráfico usual lo atascó y lo hace disgustarse más. Él tiene una importante presentación y está bastante tenso por eso. Afortunadamente, él llega a tiempo a su oficina, la presentación resulta excelente, y logra otra promoción.

Situación 2: Andrea es un ama de casa. Vive con la familia de su esposo. La mayoría de las veces las cosas avanzan con suavidad en casa, sin fricciones, pero en ocasiones Andrea y su suegra difieren en los conceptos que tienen respecto de la crianza de los niños. La suegra siente que se hace un alboroto muy exagerado por todos los pequeños problemas, aunque ella se las arreglaba bastante bien con sus cuatro hijos. Andrea no está de acuerdo. Ella siente que los abuelos miman exageradamente a su hijo, y el niño necesita un poco de disciplina, mientras que ellos sienten que ser travieso, es la prerrogativa del chico. Andrea no puede desafiarlos abiertamente, aunque ella trata de decirles que los tiempos han cambiado.

Situación 3: José es un empleado en una fábrica. Él es cuidadoso con sus finanzas, y muy cauteloso en tomar decisiones financieras. Su esposa Julieta siente que es extremadamente cauteloso. Después de todo, sus colegas gastan ocasionalmente en una excursión y para los festivales. Ella se siente privada y tiende a quejarse. Algunas veces su temperamento explota e intercambian palabras acaloradas.

Situación 4: Julio y Ana tienen grandes expectativas de su hijo Esteban. Su sueño es que él tenga buenos estudios para que pueda calificar y entrar a la escuela de medicina. Ana pone todo su esfuerzo para motivarlo, ella repetidamente le dice que ésa es la ambición que ella tenía en la vida. Julio provee la ayuda financiera para el adiestramiento adicional, y ambos le recuerdan a Esteban que todo se ha hecho para que pronto sea un doctor exitoso. Esteban está intentando estudiar arduamente, él está poniendo todo su esfuerzo para satisfacer su sueño y el de sus padres, pero la competencia es tan dura que fácilmente podría lograrlo o fallar.

Situación 5: Sebastián bebe a diario. Él afirma que necesita esas dos o tres copas para "relajarse". Su esposa Beatriz ha notado que a través de los años lo que ocasionalmente era una copa, se ha convertido en tres o más definitivamente. Ella también ha notado que su esposo es quejumbroso después de tomar y ella es incapaz de enfrentarse a estos cambios de estado de ánimo. Además, la situación está creando tensión en sus finanzas. Sus peleas frecuentes incitan la curiosidad de los vecinos. Beatriz muy a menudo llora y maldice su destino.

Ninguno de estos incidentes es un completo desastre. Todos ellos son bastante comunes en el entorno de la vida de muchas familias. También son situaciones que aceptamos como la suerte, el destino; le pasa a todo el mundo, necesito trabajar arduamente para lograr el éxito, y qué está mal en motivar a tu hijo para que lo haga bien.

Volviendo a los conflictos de Sarita con la familia de su esposo, con respecto a las visitas de Anita, su cuñada, todos ellos no se han dado cuenta que esto se ha vuelto la manzana de la discordia para ellos. Ellos sólo lo ven como "un asunto rutinario de conflictos que existen en la mayoría de los hogares, algo que con el tiempo se desvanecerá, o algo con lo que la gente se ajustara". Si ellos están conscientes de esto como un *factor de estrés,* pueden resolver sus problemas con un poco de diálogo, siempre que las partes concernientes se mantengan con la mente abierta, y que no regresen a estereotipos. Iniciando un diálogo, todos ellos pueden fácilmente deshacerse del *factor de estrés frente a frente* del problema y comenzar a disfrutar sus fines de semana. Cuando pequeños problemas se resuelven por medio del diálogo, siempre habrá una puerta abierta a discusiones de asuntos más serios, como el problema del préstamo de la casa.

Por desatender las cuestiones menores, estamos causando, inadvertidamente, el aumento del estrés. En este aumento todas las cosas pequeñas cuentan.

Repito, la intervención temprana es el mejor remedio. Entonces, ¿estamos buscando un mundo utópico donde todo es perfecto? No, realmente no, pero seguiremos buscando opciones para modificar estas situaciones y lograr cambios en el estilo de vida conforme avanzamos.

❑ ❑

4

Enfrentarse al estrés

Hemos llegado al punto de identificar la presencia de los *factores de estrés*, aceptando que frecuentemente estamos estresados en cierto grado. Ahora es tiempo de mirar hacia la acción constructiva: la búsqueda de los remedios.

Aquí hay tres reglas de oro.

Uno. Es esencial conocerse a sí mismo.

Dos. La intervención temprana es la más efectiva.

Tres. No hay un camino directo para deshacerse del estrés por uno mismo. Cada persona toma sus propias decisiones dentro de múltiples opciones llamadas habilidades para enfrentarlo.

Enfrentarlo es una manera simple de causar un corto circuito en el ciclo del estrés y en detener la respuesta que nos genera.

Utilizando una mezcla de una o más técnicas, cada uno querría adaptarse a una que le convenga a sí mismo. En términos generales, estas técnicas podrían estar bajo los siguientes tres títulos:

Orientado a la tarea
Orientado a la emoción
Orientado a la distracción

Cuando decimos que es **orientado a la tarea**, significa analizar la situación, las razones para la forma en que resultó, y tratar de encontrar alternativas o incluso soluciones para un mejor manejo de la situación. Tomemos el ejemplo de Ramiro, a quien no le fue bien en el examen. Sería razonable para él que se hiciera algunas preguntas para analizar la razón de su fracaso.

¿Su preparación fue adecuada?

Si no, ¿usó un atajo como leer únicamente la preguntas que se anticipaban, los documentos modelo, etcétera?

¿Honestamente hizo su mejor esfuerzo?

¿Dependió de otros factores, como la suerte, o el destino, más que de la propia preparación?

¿Está culpando a alguien más, como al maestro que no abordó el tema adecuadamente?

Después de la introspección, él podría llegar a ciertas respuestas. Admitamos que éste no era el ejercicio más sencillo, y que requiere algo de madurez llegar a la solución. Pero entonces, no podemos comparar la madurez con la edad cronológica; muchos jovencitos son completamente capaces de analizar las situaciones, si se les da la oportunidad. Cuando se hace un hábito la práctica de dicho análisis, se convierte en un excelente protector en contra del *factor de estrés* inesperado. Sería una herramienta preventiva, más que un procedimiento terapéutico.

El segundo método es **orientado a la emoción**. Esto implica tratar con los sentimientos de uno mismo en una situación dada. Una vez más me gustaría usar el ejemplo pasado. Aquí, en la orientación, se dará un vistazo a las emociones de la persona hacia el evento, más que hacia el problema. Algunas personas están en un contacto cercano con sus sentimientos y los expresan fácilmente. Otros encuentran difícil expresar sus sentimientos. Generalmente las personas que son conscientes de sus sentimientos y los expresan apropiadamente son emocionalmente más sanos que aquellos que los ignoran.

El primer paso para tratar con las emociones es reconocerlas cuando ocurren. Una emoción es una tendencia que se siente para moverse hacia algo que es bueno o que es querido, o para alejarse de algo evaluado como malo o desfavorable. De una forma diferente se les llama "sentimientos".

¿Es justo culpar a los padres por no ser capaces de enviarlo a la escuela de medicina?
¿Lo hará enojarse?
¿Es justo de su parte ser agresivo con su hermana porque siente que sus padres usaron sus ahorros para la boda de ella? ¿Hará que uno se sienta frustrado?

¿Está justificado el odio incipiente de uno de los miembros hacia toda la familia?

¿Se siente triste por la situación?
Una parte importante de tratar con los sentimientos es aceptarlos. La gente tiene dificultad para admitir sentimientos no placenteros, como la pena.

Los sentimientos son como ondas; si les permites que pasen, te dejarán y quedarás en paz. Si los combates continuarán regresando.

El siguiente paso es expresarlos apropiadamente. Eso significa hacer algo físico: hablar, escribir, llorar, gritar o reír. Uno podría decir que eso es "actuar sus emociones". Para expresar los sentimientos a veces es mejor hacerlo físicamente, como gritar en un cuarto cerrado cuando estás enojado; golpear una almohada; o incluso dar un golpe a la puerta o a la venta, pero sin que sea dañino para otros. Por ejemplo, no está bien golpear a alguien si estás enojado. Una vez que uno se desahoga gritándose, llorando, o lo que sea, uno puede relajarse y calmadamente reconsiderar la situación que se provocó en primer lugar.

Una manera simple de practicar esta técnica es aprendiendo a verbalizar las emociones. Pregúntate a ti mismo cuántas veces en la semana pasada te has dicho, o le has dicho a un amigo cercano tus sentimientos. Éstas son algunas pistas:

Estoy enojado
Estoy molesto
Me siento lastimado
Estoy triste
Estoy entusiasmado
Estoy ansioso
Estoy frustrado
Estoy encantado
Estoy nervioso
Estoy solitario
Estoy estresado
Estoy emocionado

Trata de ser abierto con tus sentimientos. No consideres su verbalización como una señal de debilidad en ti. Por otro lado, convierte esta línea de pensamiento en una herramienta positiva que te ayudará a analizar y vencer los *factores de estrés.*

Y luego hay ciertos estereotipos en la sociedad que es mejor evitarlos. *Los chicos y los hombres no lloran*. Me temo que no estoy de acuerdo. A las mujeres en nuestra sociedad se les permite llorar. Algunos hombres llevan este mensaje insano hasta su etapa adulta, y no aprenden a expresarse emocionalmente.

Es aceptable sentir algo. Las emociones reprimidas pueden acumularse y hacer que para una persona le sea difícil funcionar emocional o físicamente. Todos necesitan llorar cuando eso es lo que están sintiendo. Tus valores son tus reglas para el comportamiento, en forma más simple, son tu punto de vista de lo correcto y lo incorrecto.

En nuestro país, uno puede prever la aplicación de este método al tratar con los líos cotidianos de los conflictos entre los miembros de la familia. La mayoría de nosotros estamos condicionados, desde la infancia, por ciertas reglas no escritas, que están sobrentendidas. Es decir, no se deben hacer preguntas, nunca verbalizar los sentimientos, y "aceptar" con cierto sentido estoico de responsabilidad mal aplicada. Y algunas veces, se les dan nombres ostentosos como nuestra cultura, nuestras tradiciones, *ad infinitum*. No se cuestiona la sabiduría de los años, pero sólo para señalar que los tiempos han cambiado, así los estilos de vida, y con la misma destreza con la que aceptamos el Internet y el correo electrónico, necesitamos aceptar las tendencias cambiantes en las relaciones interpersonales, y en las obligaciones que las acompañan.

Volvamos con la diferencia de actitudes de Sarita y de su suegra respecto a los niños. Mientras cada uno los ama a su propia manera, la abuela es más indulgente con los niños. A veces, ella deja que otros factores la molesten, como cuando su hija Anita y Sarita tienen diferencias de opinión. Ella es algo malhumorada con los niños. Asimismo, Sarita está contenta de que miembros de la familia de su esposo cuiden a sus hijos cuando regresan de la escuela. Cuando ella está molesta por compromisos financieros, ella se mete con su suegra por las pequeñas cosas cotidianas, como no atender las necesidades de los niños a tiempo, etcétera.

Necesitamos construir y cultivar un sistema de soporte fuerte; esto puede apoyarse en la familia, los amigos, los colegas del trabajo, etc. En el entorno de la sociedad, el sistema de soporte intrínseco existe, pero en vez de apoyarnos en sus fortalezas, nosotros dejamos que nos abrume con el aspecto negativo de este sistema. Una vez más hay estereotipos; los mayores saben más, los jóvenes no deben discutir/hablar o participar en las discusiones; la obediencia es una doctrina de la vida en la sociedad, y así sucesivamente.

Si nosotros, en nuestras familias muy cercanas, pudiéramos tener la oportunidad de dialogar y hablar, habríamos sido la raza más tranquila; desafortunadamente, es todo lo contrario.

Volvamos con la familia de Sarita. A lo mejor ella querrá hacerse algunas preguntas.

¿En realidad es tan malo que mimen un poco a los niños?

¿No podría intentar aprender de su suegra algunas destrezas sobre la crianza de los niños?

¿Hay algunas fallas muy obvias en cuestiones de higiene y de medicina en las que Sarita necesita asumir una postura firme?

¿Estará un tanto celosa de que la actitud consentidora de los abuelos pueda hacer que los niños se apoyen más en ellos?

¿Estará dejando que otros fastidios influyan en su actitud?

Hay algunas preguntas que la suegra, Camila, quisiera preguntarse.

¿Hay un defecto importante en lo que Sarita dice?

¿Está hiriendo a los niños, o lo que hace es por su bien?

¿Por qué no debería desarrollar la actitud de acuerdo con los tiempos cambiantes?

Dejar que ella crie a sus hijos de la manera en que se sienta mejor.

¿Por qué debería imponerse ella?

Déjame ser una abuela amorosa, disfrutar a los niños y ayudarles cuando me lo pida, en lugar de imponer mi punto de vista sobre su educación.

Hay algunas preguntas que Vicente querrá preguntarse.

Desde que su padre le habló sobre el compromiso del préstamo, antes de que lo tomara y le pidiera ayuda, ¿debería él contribuir con algo para la causa?

Debería iniciar un debate colectivo acerca de compartir los fines de semana con su hermana y alternarlos con su casa y la casa de su hermana, ¿así todos se sentirían más relajados?

¿No debería tomar más iniciativa en el rol de la educación de los niños y no dejárselo todo a Sarita?

¿No debería demostrar que le interesan sus padres y hermanos sólo con llevarlos a algún lugar ocasionalmente, o dándoles pequeños presentes?

Déjame reiterar que éste no es un libro de respuestas, sólo trata de ayudarte a sostener literalmente un espejo ante tu psique. Cada persona debe mirar cuál es su situación particular en relación con su estilo de vida, y conducir su proceso de autoevaluación. Ésta es una herramienta muy útil que requiere repetidas aplicaciones.

Recuerda. ¡La práctica hace al maestro!

La tercera herramienta es **orientada a la distracción**. Ésta es probablemente la más fácil, y mientras no se ofrezcan soluciones a largo plazo para minimizar los factores del estrés, definitivamente ayuda a alejarse poco a poco de ellos. Ir a dar una caminata, o una carrera, o un lavado de carro; cavar y plantar algo en el jardín, incluso actividades rutinarias como lavar la ropa entran en esta categoría. Y puedo añadir que salir para reunirse con amigos, o ir al cine también entran en este punto. El ejercicio físico literalmente distrae la atención de tu mente respecto al factor de estrés actual, además de tener el beneficio adicional de la liberación de hormonas para "sentirse bien", llamadas endorfinas, lo que ayuda tremendamente. En pocas palabras, cualquier actividad física que te hace sudar un poco, surte efecto. Instantáneamente desvía la mente, y ayuda a regresar a una posición más racional desde la cual puedes examinar el problema. Aunque esto no resuelva todos los conflictos, o aleje todos los *factores de estrés,* tal vez te dará el tiempo para olvidar, y en muchas ocasiones, ese pequeño tiempo es suficiente para que las situaciones vayan pasando sin problema.

Tendrás que llegar a la conclusión que todos o cualquiera de ellos pueden ayudarte a resolver tus problemas.

Sin embargo, ciertamente necesitamos ayuda adicional para superar los *factores de estrés.*

Parece fácil decir analiza tus tareas o tus emociones, pero cómo hacerlo, ésa es la cuestión.

Ahora es el momento para hacer un inventario emocional de bienestar antes de continuar. No tomes tus resultados demasiado en serio; esto es sólo por diversión y sea cual sea la calificación, ¡sólo te ayudará a mejorar! Considéralo como el punto de partida para un cambio de imagen.

1. Paso tiempo haciendo el trabajo que disfruto.
   a Casi siempre
   b A veces
   c Casi nunca

2. Encuentro que es fácil relajarme.
   a Casi siempre
   b A veces
   c Casi nunca

3. En mi tiempo libre, participo en actividades que disfruto.
   a Casi siempre
   b A veces
   c Casi nunca

4. Cuando estoy a punto de estar en una situación estresante, me doy cuenta de ello por anticipado y me preparo para eso.
   a Casi siempre
   b A veces
   c Casi nunca

5. Manejo el enojo.
   a Expresándolo en formas que no me lastiman a mí, ni a otros.
   b Lo guardo de manera que nadie sepa que estoy enojado.
   c Nunca estoy enojado, o no expreso el enojo en forma agresiva.

6. Encuentro fácil expresar mis sentimientos.
   a Casi siempre
   b A veces
   c Casi nunca

7. Puedo hablar con amigos cercanos, parientes, u otros acerca de temas personales.
   a Casi siempre

b A veces
c Casi nunca

8. Cuando necesito apoyo con temas personales, busco quién me ayude.
   a Casi siempre
   b A veces
   c Casi nunca

9. Cuando estoy bajo estrés, me aseguro de hacer ejercicio con regularidad para eliminar mi tensión.
   a Casi siempre
   b A veces
   c Casi nunca

10. Participo en un grupo de actividades como bodas, reuniones sociales, juntas del edificio/departamento y reuniones de oficina.
    a Con mucha frecuencia
    b Muy de vez en cuando
    c Nunca

Por cada "a" que has palomeado, date 2 puntos.

Por cada "b" que has palomeado, date 1 punto.

Por cada "c" que has palomeado, son 0 puntos.

Un resultado de 18 en adelante es excelente.

16 a 17 es muy bueno.

14 a 15 es bueno.

13 o menos significa que hay que alcanzar un mejoramiento.

Existe una historia de una persona que frecuentemente decía: "Si hoy surge un problema, ¡no tengo tiempo hasta la próxima quincena para preocuparme al respecto!".

Disfrutemos con esta persona, sonríe mientras tanto, e intenta nunca ser como ella.

❑ ❑

5

Reconocer el estrés

Ahora que has llegado a tu resultado, revisaremos de una larga lista de signos físicos y sicológicos que te ayudarán a reconocer la reacción en tu cuerpo y mente de cualquier factor de estrés.

El truco es vigilar lo que puedes sentir en tu cuerpo. Mucha gente cree que tiene que esperar hasta que haya sufrimiento antes de hacer algo para reducir el estrés.

Eso no es verdad. No hay recompensa por el masoquismo y no lo confundas con la fortaleza, ésta te permite saber cómo vigilar tu cuerpo en cada paso del camino, desde las primeras señales.

Precisamente algunas de las primeras señales son: (no creerás esto, pero es verdad, la lista es en realidad larga).

Signos físicos:

- Fuertes latidos del corazón; ritmo cardiaco rápido.
- Respiración rápida y superficial.
- Sequedad en la garganta y en la boca.
- Elevación de la temperatura corporal.
- Disminución del apetito o actividad sexual.
- Sensación de mareos, como vértigo o debilidad.
- Temblores, tic nervioso, manos y dedos que se agitan.
- Tendencia a sobresaltarse con pequeños sonidos, etcétera.
- Risa nerviosa o aguda.
- Tartamudeo y otras anormalidades del lenguaje.
- Dificultad para dormir, o despertar a mitad de la noche.
- Rechinar los dientes al dormir.
- Inquietud, la incapacidad para mantenerse inmóvil.
- Sudar, manos húmedas, manos y pies fríos.
- Ruborizarse.

- Necesidad para orinar frecuentemente.
- Diarrea, indigestión, estomago revuelto, nauseas.
- Migraña u otro dolor de cabeza.
- Tensión premenstrual o falta del periodo menstrual.
- Dolores del cuerpo y achaques más de lo usual. Principalmente dolor en la nuca o en la parte baja de la nuca.
- Pérdida del apetito, pérdida de peso: algunas veces se tiene un exceso de apetito, con una subida de peso repentina.
- Incremento en el uso de sustancias, en el lenguaje común y corriente, tabaco, alcohol; pastillas para dormir, tranquilizantes, adicción a las drogas.
- Propensión a los accidentes.
- Enfermedades frecuentes.

¡Esto se asemeja a una lista que bien podría cubrir toda enfermedad imaginable! Pero el estrés puede hacer más daño a una persona.

Además, no existe un solo síntoma del cual todos nosotros no hayamos sufrido en diferentes épocas de nuestra vida.

No dejes que la liste te intimide. Esta información puede ayudarte a estar alerta. ¡Golpe advertido, golpe para el que estás preparado!

Así que, míralo como si fuera una lista de verificación, y cuando te estés sintiendo demasiado deprimido, o tengas un problema persistente, sólo observa a través del problema y ve si hay algo que puedas enfrentar, antes de comenzar a deambular entre costosas evaluaciones médicas, estudios y análisis.

Por supuesto, si tienes duda, consulta a tu médico.

Después de quedar atónito por la lista de los síntomas físicos, veremos ahora algunos de los signos psicológicos con los indicios claros de que la persona está bajo mucho estrés. Recuerda. La idea es vigilar lo que puedes sentir en tu cuerpo.

Signos psicológicos:

- Irritabilidad, tensión o depresión.
- Comportamiento impulsivo e inestabilidad emocional; un impulso irresistible de llorar o correr y esconderse.

- Disminución del autoestima.
- Pensamientos relacionados con el fracaso.
- Preocupación excesiva, inseguridad, preocupación acerca de la opinión de los demás.
- Disminución de la capacidad para comunicarse con los demás.
- Aumento de la torpeza en situaciones sociales.
- Aburrimiento excesivo.
- Insatisfacción no explicada con el trabajo u otras situaciones normales.
- Aumento de posponer las cosas.
- Sentimiento de aislamiento.
- Evasión de situaciones o actividades específicas.
- Miedos irracionales.
- Pensamientos irracionales. Olvidar cosas más a menudo de lo usual.
- Inasistencia a eventos planeados.
- Culpabilidad por descuidar a la familia o amigos.
- Trabajo excesivo, falta de distracciones.
- Insensibilidad y preocupación.
- Incapacidad para organizarse.

- Estar demasiado ocupado en cosas pequeñas.
- Incapacidad para tomar decisiones, o toma de decisiones impredecible.
- Incapacidad para concentrarse.
- Sentimiento de fatiga.
- Pérdida de la alegría espontánea.
- Pesadillas.
- Desconfianza hacia otros.
- Comportamiento neurótico.

Esta lista de alguna manera es más difícil de identificar, excepto para los individuos más astutos, y eso de nuevo, sólo en las primeras etapas. Obviamente, en las etapas posteriores, irá empeorando el juicio de uno.

Hace poco, hablamos del sistema de soporte fuerte: el círculo familiar, el de los amigos o colegas. Le corresponde al círculo cercano de la familia y de los amigos notar estas pequeñas peculiaridades en tu comportamiento, y señalártelas, para que te puedas abrir y comentar qué te está preocupando.

Una vez más, nuestra llamada virtud de ser fuertes y silenciosos, de ser tolerantes y de largo sufrimiento nuestra filosofía de sólo aceptar y decir, "se trata del destino", probablemente no sea la mejor línea que debamos tomar. Aunque posiblemente tampoco sea recomendable anunciar tus problemas desde el techo de tu casa. Una familia que brinda apoyo puede ser tu trampolín, y la guía que te dirija en tu camino hacia la recuperación.

Una vez evaluado tu bienestar emocional, es tiempo para mirar los remedios.

No estoy usando la palabra "soluciones", como podríamos hacerlo, pero examinaremos diferentes medios para el automejoramiento.

Cuánto beneficio se derive de los diferentes ejercicios, depende completamente de la persona.

Ninguno de los ejercicios es difícil; sólo es cuestión de dedicarles tu tiempo y deseo.

Déjame repetirlo, la práctica hace al maestro. Por ejemplo, uno podría pensar que el simple acto de respirar resulta algo natural para nosotros. Es sinónimo de la vida en sí. Sin embargo, todos los expertos de la administración del estrés dicen que los ejercicios de respiración son algunos de los ejercicios más efectivos para desestresarse.

¡O aprende a jugar! Lo hacíamos cuando éramos niños; amábamos jugar y nos enojábamos cuando nos pedían que dejáramos nuestros juegos. Hoy en día, nos han dicho que necesitamos salir y jugar, literalmente, hacer ejercicio para eliminar nuestras tensiones, poner en circulación las endorfinas para sentirnos bien.

Es como aprender a poner la vida dentro de una vida, respirando fácil y correctamente.

Hay que aprender a ser como los niños que éramos, con tiempitos para todo.

Ser consciente de que el problema existe es en sí mismo una victoria; o cuando menos, podemos llamarlo victoria a medias. Cuando llega a nuestra casa cualquier aparato eléctrico y se nos descompone, inmediatamente vemos el manual de instrucciones, para tratar de resolver el problema. Cuando es posible identificar la falla, la solución es simple. La mayoría de los manuales nos dan soluciones inmediatas. Sin embargo, cuando no podemos dar con la causa del problema, entonces leemos las siguientes palabras nefastas: "favor de ponerse en contacto con el fabricante".

En este caso, las listas de verificación ayudan a identificar el problema.

❑ ❑

6

Combatir el estrés - Uno

Con la mitad de la pelea ganada, ahora debemos confiar más en el campo de batalla con una formidable selección de armamento que sólo puede otorgarnos la victoria. Como se dice en el *Bhagavad guita,*

कर्मण्येवाधिकारस्ते मा फलेषु कदाचन।
मा कर्मफलहेतुर्भूर्मा ते संगोऽस्त्वकर्मणि।। 47।।

"Tú tienes derecho a la sola acción y nunca en absoluto a sus frutos; no permitas que los frutos de la acción sean tu motivo; ni tampoco permitas que haya afecto alguno por la inacción".

Destrezas físicas

Ejercicios de respiración
Relajación progresiva

Caminar
Dormir

Destrezas mentales
Meditación
Yoga

Destrezas sociales
Conocer gente
Cuidar mascotas

Destrezas de diversión
Actividades que te despejen la mete

Destrezas espirituales
Ejercicios de introspección para:
Facilitar que te pongas en contacto contigo mismo y la naturaleza para ayudarte a encontrar un significado a tu vida. No para confundirte o conectarte con la religión.

Destrezas físicas

Estas son actividades que puedes hacer para tu cuerpo y con él. Esto incluye asegurarte de que cuides bien tu cuerpo, y ayudarte a que te liberes del estrés. Las técnicas de relajación física son útiles para prevenir y reducir tus signos físicos de estrés. Intenta apartar veinte minutos de tu día para relajarte.

A. Ejercicios de respiración

Te puedes calmar si controlas conscientemente tus respiraciones. Intenta hacer uno de estos ejercicios:

Respiración y exhalación: esto desacelera tu respiración y te ayuda a calmarte.

1. Acuéstate boca arriba y pon tus brazos a los costados.

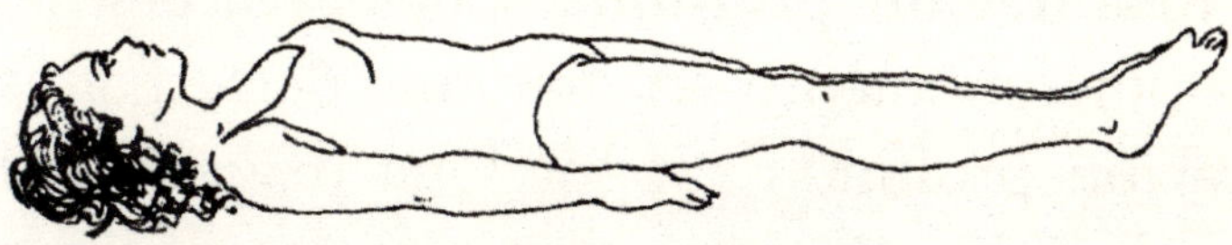

2. Cuando comiences a inhalar, levanta tus brazos hacia el techo (con los codos dobla-

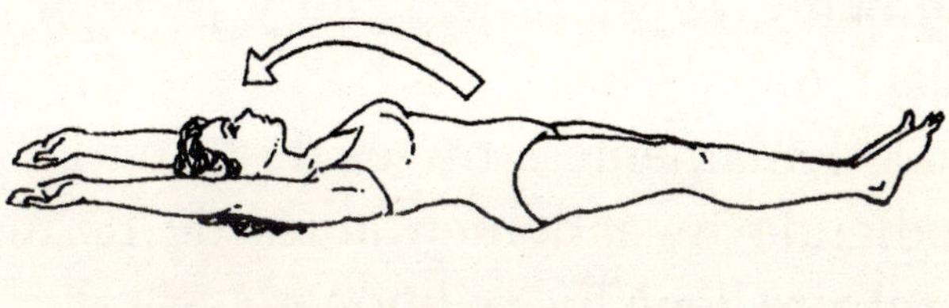

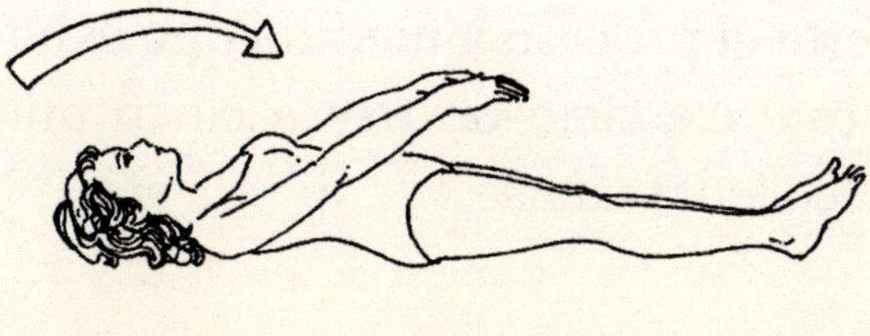

dos). Conforme inhalas, mueve tus brazos hacia arriba por encima de tu cabeza hasta tocar el suelo.

3. Invierte el orden: exhala lenta y sutilmente, mientras vuelves a poner tus brazos en los costados.

Después de hacer esto varias veces inhala y exhala lentamente sin mover tus brazos.

Puedes hacer este ejercicio por unos diez minutos o más, depende de ti.

Respiración profunda: puede hacerse en cualquier momento, en cualquier parte. La respiración profunda proporciona oxígeno adicional a la sangre y causa que el cuerpo libere endorfinas, que son hormonas que aparecen naturalmente y que revitalizan y promueven la relajación.

1. Inhala lentamente a través de tu nariz, expandiendo tu abdomen antes de permitir que el aire llene tus pulmones.
2. Revierte el proceso a medida que exhalas.

Haz este ejercicio de tres a cinco minutos cuando te sientas tenso.

B. Relajación progresiva

Esta técnica te ayudará a relajar los músculos tensos.

1. Siéntate o acuéstate boca arriba, confortablemente, en un cuarto silencioso. Cierra tus ojos.
2. Aprieta los puños, durante cinco segundos y luego, relaja las manos. Haz esto tres veces. Pon atención a las diferentes sensaciones de la tensión y de la relajación. Concéntrate en las relajaciones. Si tu mente tiende a vagar, y vaya que lo hará, regrésala a que haga el ejercicio con un esfuerzo positivo.
3. Repite el paso dos con todos tus grupos de músculos: brazos, hombros, pecho, abdomen, espalda, caderas, muslos, pantorrillas y pies.

Al principio, puede tomarte unos veinte minutos. Con la práctica, serás capaz de hacer esto en unos cinco minutos.

Las respuestas de relajación van hacia el cuerpo durante el estrés:

Respuesta al estrés	Respuesta a la relajación
Metabolismo acelerado	Metabolismo normal
Latidos rápidos del corazón	Latidos normales del corazón
Incremento de la presión sanguínea	Presión sanguínea normal
Respiración rápida	Respiración normal
Músculos tensos	Músculos relajados
Desvío del suministro de sangre al sistema digestivo.	Circulación normal restablecida
Retención de líquidos en el cuerpo	Equilibrio normal del agua restablecido
Disminuye la resistencia de inmunidad	Resistencia de inmunidad restablecida

¡Y piensa que lo único que necesitabas hacer era relajarte! Así que, ¡RELÁJATE!

C. Ejercicios de estiramiento

Un cuerpo estresado provoca que todos los músculos estén tensos, es decir, los músculos se vuelven duros y duelen al tocarlos. Relajar estos músculos causa tensión.

Si se hace correctamente, estirarse estimula la relajación y reduce el estrés. ¿Nunca has visto a un gato estirarse? Es estiramiento del cuerpo lento y deliberado.

¡Tal vez es tiempo de aprender de los gatos!

Sé muy suave y gradual en los ejercicios de estiramiento. No debe de haber ningún movimiento brusco o agitado. De otra manera, podrías lesionar tus músculos. Haz estos ejercicios por unos cinco o diez minutos.

Estiramiento 1: Decide qué músculos estirar.

1. Conforme te estiras, piensa en el área de tu cuerpo que está siendo estirada; imagina que la tensión se va a medida que llevas cuidadosamente esas áreas a un límite que sea confortable.
2. Exhala en el estiramiento; inhala en la liberación. Toma una respiración profunda y lenta, (no contengas la respiración).
3. Cierra tus ojos para tener una mejor conciencia de las respuestas de tu cuerpo.

Estiramiento 2: Aquí hay un estiramiento para calmar el entumecimiento de los músculos.

1. Siéntate erguido e inhala.
2. Exhala mientras bajas lentamente tu cabeza hacia el pecho. Sentirás un ligero estiramiento en la nuca y en los hombros.
3. Gira tu oreja derecha hacia tu hombro derecho mientras inhalas. Baja tu mentón hacia el pecho de nuevo mientras exhalas. Repite hacia la izquierda.
4. Baja tus brazos a tus costados y empuja los hombros hacia adelante. Eleva lentamente tus hombros hacia tus oídos y haz círculos hacia atrás y hacia abajo. Después de dos o tres rotaciones cambia la dirección.

Hay otros métodos exóticos para relajar los músculos tensos: distintas formas de masajes, relajación en tinas de spa y aromaterapia. Aunque son efectivas, elegí explicar los métodos caseros simples para que sea más fácil llevarlos a cabo y no sean tan costosos.

D. Caminata

Hacer una caminata puede despejar tu mente, reducir la tensión e incrementar la energía. Caminar puede ayudar a proporcionar un escape necesario y puede incrementar la producción cerebral de endorfinas (sustancias químicas que se producen naturalmente y que relajan y revitalizan el cuerpo). Si además puedes trotar o correr, mucho mejor.

E. Cómo dormir mejor

Si no puedes dormir entonces levántate. Ni siquiera intentes dormir. Acostarte, girar y mirar el reloj, eso no es bueno para ti. Aquí, una vez más, necesitamos romper con los estereotipos preestablecidos. Desde hace mucho tiempo se nos ha inculcado que las primeras horas del día son las mejores para producir en el trabajo, dormir hasta tarde por la mañana es un mal social, etcétera.

Por algunas razones extrañas, cada persona ha desarrollo su propio reloj interno. Tiene sus horas de producción autodefinidas. Su biorritmo dicta las horas en las que está despierto y en las que está dormido. Así que, en lugar de moverte y girar en la cama en las supuestas horas especificas de sueño, y ponerte más tenso, sal de la cama y siéntate en una silla confortable. Lee un libro, mira la televisión o juega solitario. Quédate despierto todo lo que quieras: disfrútalo.

De esta forma antes de que te enteres, estarás dormitando. Y sin no lo logras, quedarte por lo menos te relajarás. Lo importante es reducir tu ansiedad acerca de no dormir y por lo tanto hacer que sea más fácil que lo hagas.

Otros consejos:
Haz un esfuerzo para:

- Resistir el impulso de tomar una siesta durante el día, no importa lo cansado que estés.
- No hacer ejercicio por la noche cuando deberías estar tranquilizándote.
- Evitar la cafeína (café, té, chocolate caliente o refresco de cola) después de las 2 pm.
- Intentar tomar una taza de leche caliente antes de ir a la cama.
- Consumir alcohol, como tratamiento para la falta de sueño, es mejor evitarlo.

Una palabra especial de precaución. Se ha vuelto más o menos *de rigor* el tratar el alcohol como la cura de todos los factores de estrés. Además se le ha etiquetado como una droga recreativa. Últimamente se oye con frecuencia la expresión de: trabajamos duro y jugamos duro. Y para relajarse del trabajo duro y cambiar de velocidades para jugar duro, se ha recurrido al abuso de sustancias. El alcohol se ha exaltado al grado de considerarlo como la cura de todos los factores del estrés, el máximo maná para olvidar los problemas y dormir después de todo en una condición de gozo.

Sin embargo al levantarte, en la mañana, tendrás una resaca masiva que te impedirá tu funcionamiento normal, y posiblemente resulte en un incremento de tus tensiones. No es necesario decir que, a la larga, los efectos perjudiciales del alcohol en tu cuerpo son legendarios.

Finalmente, al término del día, ni has sido capaz de identificar tus factores de estrés, ni de buscar opciones.

El alcohol no es una alternativa; no es una táctica de desviación para resolver tus *factores de estrés*. Tampoco es una habilidad social, y el deseo de "encajar" en la sociedad no debería ser una motivación para su consumo.

El alcohol es adictivo, y altera tus destrezas de pensamiento, proporcionándote el valor de los que están borrachos, y cualquier decisión que tomes bajo su influencia, es muy poco probable que sea racional.

Por favor analiza esta declaración en forma objetiva. Estoy segura, de que un individuo bien motivado, como tú, llegará a una conclusión idéntica.

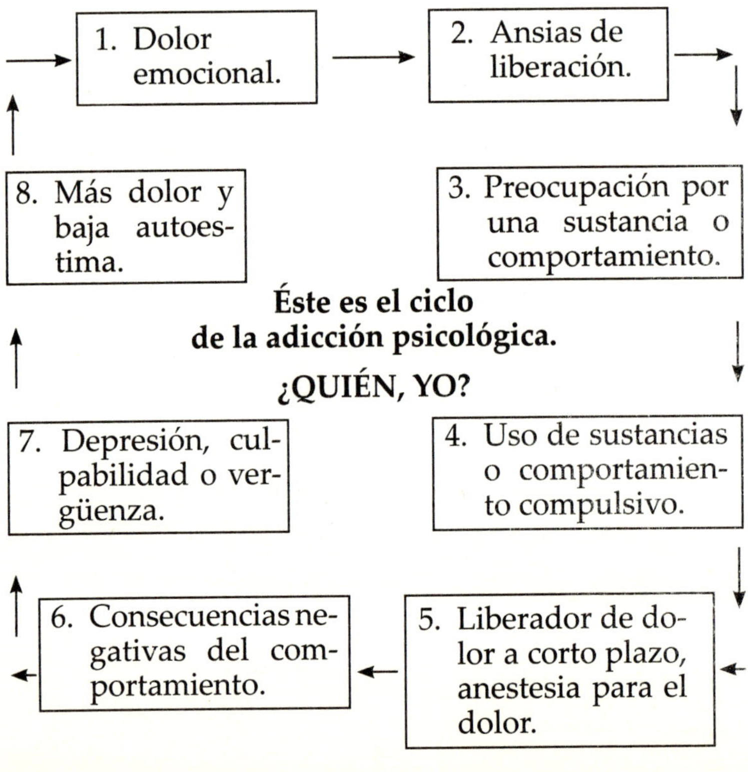

Aunque este libro no se trata del abuso de las drogas, considerando el predominio del hábito como un liberador de los factores de estrés, me tomé la libertad de explicar el círculo vicioso que engaña al recién llegado a esta red.

Por favor, responde falso o verdadero a las siguientes declaraciones para que evalúes por ti mismo si tus percepciones se relacionan con los hechos científicos.

1. El alcohol mata células del cerebro.
2. Beber alcohol puede ayudar a una persona tímida a que sea extrovertida, despreocupada y audaz.
3. Las personas que beben sólo cerveza o vino nunca se convertirán en bebedores problema.
4. La gente que bebe únicamente en ocasiones sociales no son bebedores problema.
5. El alcohol mejora las relaciones sexuales.
6. Una persona puede morir por beber demasiado alcohol en una sentada.

Las respuestas son como siguen:

1. Verdad.

2. Falso. Beber es como hacerte el tonto, tener una risa tonta y muy a menudo retrasa el aprendizaje de las habilidades sociales.
3. Falso. Depende de cuánto es el consumo, sus razones para tomar, y las consecuencias en su comportamiento alcohólico.
4. Falso. Depende de todos los factores dados en el punto 3.
5. Falso. Puede provocar el deseo sexual, pero dificulta el desempeño.
6. Verdad. Así que, sé cuidadoso respecto a cuánto tomas, especialmente si tienes otros problemas médicos.

Podrías pensar que una vez que una persona queda atrapada en un problema así, lo admitiría y buscaría ayuda para librarse de ello. En realidad, rara vez pasa esto; si le dices a alguien que su problema de adicción está dañando a su familia, su vida social y profesional, es muy probable que te de una respuesta de "¿Quién, yo?". "Estoy teniendo un problemita, ¡nada que no pueda dejar cuando quiera!".

Esta "negación" a menudo previene a la persona respecto a buscar ayuda. Este libro intenta hacer consciente a las personas de sus problemas, identificarlos, y buscar los remedios.

Cuando conoces al enemigo, media pelea está ganada. El siguiente paso es ganar la batalla. ¡Vamos por ello!

❑ ❑

7

Combatir el estrés - Dos

Relajémonos, hagamos un buen estiramiento, y vamos al siguiente paso.

Destrezas Mentales

Estas son cosas que puedes hacer en tu mente, que te ayudan a enfrentarte a una situación determinada. Permite que tus pensamientos sean una de las más poderosas habilidades para hacerle frente a algo.

Meditación

La meditación ayuda a calmar la mente para que puedas pensar con tranquilidad durante el día. La meta no es la relajación inmediata, sino incrementar la serenidad. La medi-

Figura 1: Postura de meditación

tación te pone en control de tus pensamientos al forzarte a estar presente en el momento y al observar el proceso del pensamiento. No tiene caso comenzar a meditar a menos que tengas la intención de convertirlo en un hábito; no podrás cosechar los beneficios a no ser que practiques en una base regular. Además, se requiere cierto tiempo para aprender este proceso. No te desanimes si no puedes dominarlo en unas cuantas sentadas.

En las primeras etapas, medita de unos diez a quince minutos, una o dos veces al día. Aumenta hasta veinte minutos, no más de dos veces al día. Evita meditar justo antes de ir a la cama o tendrás demasiada energía para dormir. Existen varias técnicas de meditación. A continuación se explica un método simple. No obstante, uno puede elegir entre múltiples técnicas disponibles.

1. Elige un cuarto silencioso donde no serás interrumpido.
2. Toma tu tiempo para relajarte; no te apresures.
3. Cuando estés perfectamente relajado y respirando lento y uniformemente, cierra los

ojos. Repite lentamente una palabra que tenga un sonido agradable una y otra vez, en tu mente, mientras inhalas y exhalas. Continúa con este estado de diez a veinte minutos.
4. Para regresar: comienza a decir la palabra fuerte, pausada y lentamente. Pon atención a tu respiración. Sé consciente de tu cuerpo y tu postura. Abre los ojos y mira alrededor del cuarto. Después de aproximadamente un minuto, levántate y estírate.

Con la práctica, finalmente alcanzarás el punto donde te sentirás separado de tu cuerpo y el entorno físico mientras meditas. El mundo desaparecerá de tu conciencia; estarás en contacto con tu más íntimo yo, profundamente relajado y totalmente vigorizado.

Nota: *La meditación se puede exagerar al punto de estar completamente aislado del sentimiento de ansiedad. Esto no es saludable. Todos necesitan una cierta cantidad de estrés para poder funcionar.*

Yoga

"Yoga", dice el Swami Abedadananda en su obra *Cómo ser un yogui*, es una palabra sanscrita que comúnmente se usa para dar a conocer el lado práctico de la religión; y el primer interés para el entrenamiento que representa, es poner en vigor la obediencia apropiada a las leyes de nuestra naturaleza moral y física, de las que depende que se alcance la salud plena y la perfección moral y espiritual.

A los aforismos de yoga de *patánjali* se les llama la sicología práctica hindú, ya que no sólo enuncian las leyes y principios del control de la mente, si no que también enseñan la forma para ponerlos en acción.

Éstas son destrezas sumamente efectivas que, a través del tiempo, han demostrado ser reductores del estrés, además del sentido de serenidad que le otorgan al individuo: un despertar literal del yo interno. Como una parte de nuestra herencia y como un regalo de la India para el resto del mundo, éstas destrezas deben aprenderse con un gurú/maestro bien versado, y no se deben intentar a partir de la lectura de libros. Un curso introductorio inicial debería considerarse respecto a lograr avanzar en la disminución del estrés.

Así que, identifica a tu maestro e inscríbete para la sesión preliminar.

El yoga es identificado como uno de los mejores métodos para disminuir el estrés. De nuevo, la práctica hace al maestro.

Meditación Trascendental

Es un método muy popular para liberar el estrés. La MT reduce el ritmo del metabolismo, bajo el estrés, y además disminuye la concentración de varias sustancias bioquímicas en la sangre que están asociadas con el estrés, como el cortisol. La MT produce un estado de descanso, incluso único para un sueño profundo o una simple relajación.

De nuevo, ésta es una técnica que ha sido aprendida del maestro, y no de un libro de autoayuda. Mientras que se requieren varios días para aprender los fundamentos, tomará más tiempo dominar el arte y tener una comprensión completa del concepto. A la larga, sin embargo, es muy benéfico.

Como la mayoría de las cosas buenas en la vida, no esperes resultados inmediatos; practica por un tiempo, los resultados finalmente serán muy satisfactorios.

Destrezas sociales, de distracción y espirituales

Las destrezas sociales implican relaciones. Las personas, incluso las mascotas, son una fuente importante para el confort; pasa más tiempo con ellos.

Las relaciones son como las plantas delicadas; necesitan ser cultivadas cuidadosamente antes de florecer.

Las destrezas de distracción son precisamente de distracciones. Estas no requieren tratar con el problema directamente; pero hay una manera de sacar tu mente de lo que está pasando. También hay maneras fáciles de deshacerte del estrés en la mayoría de las circunstancias.

Las destrezas espirituales implican volver a estar en contacto contigo mismo para encontrar el significado a tu existencia. Atender tu vida espiritual es una manera importante de tratar con el estrés, particularmente si experimentas una pérdida del sentido en la dirección o en el significado. La espiritualidad no está limitada a la religión. Tómate un tiempo para conectarte contigo mismo y con la naturaleza.

En lo que se refiere a las destrezas sociales, tenemos una rica herencia de la familia y la comunidad. En forma inherente una familia que se reúne para celebrar o lamentar innumerables ocasiones en la vida, ya sea para asuntos personales o de la comunidad, tales como festivales, podemos utilizarla como una herramienta maravillosa para construir nuestros sistemas de apoyo. La parte triste es que la mayor parte de las veces se convierte en un ejercicio de mantener la reciprocidad con los beneficios que se reciben, donde las comparaciones no solicitadas dejan un sendero de emociones negativas por mucho tiempo después del suceso, convirtiendo lo que debería ser un evento que proporciona gozo y apoyo, en un dolor literal que debería evitarse.

Mientras que el Occidente está esforzándose para reforzar el sentido de la familia, no perdamos lo que siempre ha sido nuestra herencia y un punto positivo.

Destrezas espirituales

Mucha gente identifica la espiritualidad con la religión. Aunque es cierto que algunos encuentran la espiritualidad a través de prácticas religiosas formales, vivir con un conjunto de reglas no es de todo lo que se trata la espiritualidad. No se mide por cuán a menudo uno asiste al templo, iglesia, a los actos de adoración o al grupo de oración.

Aquellos que están satisfechos con la vida, a pesar de las circunstancias, son a menudo espirituales. El grado de satisfacción con su vida no depende de la edad, género, circunstancias, ingreso o incluso salud. El cumplimiento de los deseos, tener salud y riqueza, no son necesariamente el estándar de oro para la satisfacción. Con una profunda reflexión, te darás cuenta de que sólo es una camino a un mayor tentación.

La espiritualidad se prueba en los tiempos de crisis. La persona espiritual pasa por las pruebas con la gracia y la paz y con la confianza de que sea lo que sea, está pasando por una buena causa. Aquellos que carecen de espiritualidad, toman las privaciones con amargura.

Mi vecino celebró su centésimo año del calendario lunar hindú. Poco después muere, pacíficamente, mientras dormía. Por lo que sé, él casi nunca estaba enfermo, estuvo activo hasta el final y murió plácidamente. Su esposa, con el cabello plateado, menor que él por diez años aproximadamente, aceptó su muerte con suma tranquilidad. La mayor parte del día, de ese día, se sentó en la silla donde él solía mecerse, y continuó cantando los *kirtans* (mantras cantados) que a él tanto le gustaba escuchar.

Algunos, entre los que me incluyo, creían que ella aceptaba el concepto de la última reunión del alma con su creador. Nosotros estábamos impactados por la tremenda paz y tranquilidad de esta anciana de cabello blanco.

La señora iba a su trabajo todos los días, como siempre, hasta que llegó su tiempo para dejar este mundo.

La espiritualidad significa mucho más que la aceptación de la muerte. Es muy significativa, es rodearse de las cosas bellas de la vida.

Existe una tendencia de tratar la espiritualidad como una rutina o por lo menos, como un hábito. Me gustaría sugerir que uno la debe mirar como una dicha, como una alegría expresada en el cumplimiento del supuesto hábito. Una felicidad que se siente en dar o en hacer, sin buscar las recompensas o los pagos que puedan acumularse.

Se dice que las personas tienen hambre en sus corazones, un vacío que únicamente puede llenarse con espiritualidad. Una persona, que trata de llenar el vacío con posesiones o con placeres materiales, se queda vacío.

Todos en algún momento se han cuestionado la razón de su existencia.

"¿Por qué estoy aquí?", "¿Cuál es el propósito de mi existencia?", "¿Para qué sirvo?".

Siempre que la gente aclara su mente de todos los pensamientos y mira dentro de ellos para hacerse esas preguntas, están expresando una necesidad de salud espiritual.

Se convierte en la mayor meta que las personas buscan en la vida, la meta en la que piensan siempre que experimentan la vaciedad de los sucesos de la vida, una meta a la cual anclar la vida.

Por desgracia nuestra sociedad se enfoca más en hacer dinero que en conectarse con uno mismo. Eso equipara los valores con las posesiones materiales y hace que las personas se centren en los placeres.

Ha llegado el momento de denunciar en voz alta lo que sucede en este siglo y decir:

"No estoy a la venta". Y como consecuencia:

"El dinero no puede comprar la felicidad".

No existen confusiones en las transacciones de la vida cuando se trata de la espiritualidad.

Hagamos una breve pausa y veamos cuál es nuestra posición en la ecuación espiritual y determinemos si podemos apreciar el placer que se tiene de la vida.

Ésta es una prueba que te ayudará a determinar esto.

Cuándo fue la última vez que:

1. Compartiste diez minutos con un niño y hablaste de algo que les interesaba a ambos.

2. Fuiste a una Iglesia, Templo o cualquier sitio religioso.
3. Caminaste en el parque o en algún otro lugar con alguien que amas.
4. Viste la puesta de sol o el amanecer o buscaste un arco iris o disfrutaste la lluvia en tu cara.
5. Pasaste media hora escuchando a una persona de diferente edad, cultura, clase social, o simplemente a alguien con intereses totalmente distintos a los tuyos. Tal vez con un sirviente o sirvienta.
6. Le ayudaste a alguien menos afortunado que tú, no necesariamente en el aspecto financiero.
7. Leíste algo inspirador o de devoción. En esta categoría entraría la *Sopa de pollo para el alma* o *Selecciones del Reader`s Digest.*
8. Pasaste quince minutos reflexionando sobre tu propósito en la vida.
9. Rezaste para que le fuera bien a otra persona.
10. Visitaste una exhibición de arte, fuiste al teatro o algún programa de danza de

alto nivel espiritual. Las películas populares no entran en esta categoría.

Califícate con:

6 Puntos por cada actividad que hayas hecho ayer u hoy.
5 Puntos por las que hiciste la semana pasada.
4 Puntos por las que hiciste el mes pasado.
3 Puntos por las que hiciste el año pasado.

Después de sumar tus calificaciones usa las indicaciones que a continuación aparecen para interpretar los resultados:

40-60 Estás disfrutando todos los beneficios de una vida con riqueza espiritual.
30-39 Enfatizas los valores espirituales en la vida.
20-29 Los temas espirituales son parte de tu vida, pero tal vez desees pasar más tiempo concentrándote en ellos.
0-19 Tu aspecto espiritual no se ha desarrollado lo suficiente. Tal vez los aspectos materiales de la vida estén consumiendo todo tu tiempo y esfuerzo. Sin em-

bargo, trata de concentrarte en un plano espiritual; bien podrías encontrar que los resultados son benéficos.

Una vez que mencionamos las "cosas materiales de la vida", eso literalmente abre una caja de Pandora llena de preguntas.

¿Por qué no puedo esperar tener las mismas comodidades que el resto de mi familia o que mis colegas?

¿Qué tiene de malo querer que tu vida sea más cómoda?

¿Cómo puedo sobrevivir en el mundo sin competir con el resto del grupo?

¿Qué van a decir mis hijos si no les doy el mismo tipo de lujos que tienen sus amigos? Cuando crezcan, ¿no me van a castigar por no dejarles suficientes propiedades?

Si no ahorro y acumulo recursos para un momento difícil, ¿qué me va a pasar?

Algunas sugerencias para salir del laberinto:

- Tú eres el mejor juez de lo que deseas en la vida.

- No deberías querer vivir la vida según las expectativas de otro.
- Tu dicha debería extenderse como las ondas de un estanque, deseando que otros te imiten.
- Es mucho lo que les puedes dar a tus hijos, además de riquezas. Puedes lograr que sean personas felices y relativamente libres de tensiones. Serán más dichosas y te lo agradecerán, porque mientras que la riqueza puede disminuir con el tiempo, su actitud de felicidad sólo les dará fuerza para enfrentarse a los tiempos difíciles con ecuanimidad.

Y finalmente, este pequeño poema:

Primero me moría de ganas de terminar
la preparatoria y entrar a la universidad,
Me moría de ganas de terminar la
universidad y empezar a trabajar,
me moría de ganas de casarme y tener
hijos,
me moría de ganas de que mis hijos crecieran
y fueran a la escuela,
me moría de ganas de jubilarme,

¡y que ahora me estoy muriendo, de pronto me doy cuenta de que se me olvidó vivir!

Destreza de distracción

Una actividad física es una buena actividad de distracción. Además de alejar tu mente del problema que te acosa en ese momento, produce la liberación de endorfinas, conocidas también como hormonas que hacen que uno se sienta bien, pues suben el estado de ánimo.

Alejar tu mente del factor de estrés del momento no resuelve el problema de forma mágica, pero te da tiempo valioso para aliviar tu resentimiento inicial, tu enojo o cualquier otra emoción negativa. Las endorfinas que se liberan producen un efecto tranquilizante y luego, al final de esta fase, si todavía piensas que tienes el problema, tienes una mejor actitud mental para razonar las cosas y dar un paso positivo para resolverlo; pues la mayoría de las cosas parecen insignificantes al paso del tiempo.

La antigua costumbre de contar hasta diez antes de reaccionar es una pequeña destreza de distracción.

Una advertencia: Dejemos en claro lo que es una actividad física y lo que es una destreza de distracción.

Debemos recordar que cualquier actividad física debe ser de tal naturaleza que no te dañe, ni dañe a otros: ni a corto, ni a largo plazo.

De la misma manera, golpear a alguien que sea el objetivo de tu ira, o de hecho, golpear a cualquier persona, no es una destreza de distracción. En esencia, no se debe dañar a nadie y se debe tener la capacidad de consumir energía física.

Aunque está bien golpear la almohada cuando estás enojado, golpear a tu esposa o a tus hijos o a cualquier otra persona no es correcto. Mostrarte agresivo contra la pelota al golpearla con un bate está bien, pero utilizarlo como instrumento de terror para liberar tus frustraciones no debe ser.

Caminar, trotar, correr o participar en juegos, etc., son actividades excelentes para liberar tu enojo y tus problemas.

Todas estas actividades físicas estimulan tu cerebro produciendo endorfinas, las hormonas que producen placer y que se conocen también como hormonas que te hacen sentir bien. Se producen continuamente como respuesta a las actividades saludables y muchas veces el cerebro las sigue produciendo, incluso después de la actividad.

Entrenarse para alguna actividad física útil es una buena idea ya que hará que automáticamente te inclines hacia ella cuando sientas la necesidad de realizar una actividad física.

Por tanto, además de seguir un régimen regular de actividad física, utilizarlo para eliminar el estrés te proporciona un doble beneficio, pues mantiene el flujo de las endorfinas.

Habiendo dicho esto, abordaremos la pregunta más importante.

¿Dónde encontramos tiempo para todo esto?

❑ ❑

8

Encontrar el tiempo

¿Dónde hay tiempo para todo esto?

Esta pregunta funciona como un factor de estrés doble. En el sentido primario, la mala organización del tiempo es en sí un factor de estrés de máxima importancia.

Y en el sentido secundario, usar la falta de tiempo como una razón para no hacer una introspección y volver a evaluar nuestras prioridades complica el problema que nos lleva al tema del manejo del tiempo.

Entusiasmo por vivir

"Si quieres disfrutar los mayores lujos de la vida, el lujo de tener suficiente tiempo, tiempo para descansar, tiempo para reflexionar, tiempo para llevar algo a cabo y saber que lo has hecho con el máximo de tus habilidades, recuerda que sólo hay una forma de hacerlo. Dedica suficiente tiempo a pensar y a planificar las cosas de acuerdo a su importancia. Tu vida tendrá un nuevo impulso, añadirás años a tu vida y vida a tus años. Haz que todas las cosas tengan su lugar y que cada parte de tus actividades tenga su tiempo".

Benjamín Franklin

Después de todo, un día tiene 24 horas, y sólo hay cierto número de días al año. Y se dice que el tiempo es dinero; y no debes desperdiciarlo. Eso no es cierto en realidad: puedes producir dinero, pero no puedes producir tiempo.

El tiempo es infinitamente más valioso que el dinero, así como la mayoría de nosotros tratamos de ahorrar nuestro dinero y de invertirlo inteligentemente, ¿cuánto más deberíamos tratar de evitar perder el tiempo e invertirlo con energía para tener buenos resultados?

El ayer es un cheque cancelado
El mañana es una letra de cambio

El hoy es dinero en efectivo. Úsalo.

Algunas pistas sencillas que te ayudarán a aprovechar tu tiempo de la mejor manera:

Asigna prioridades a tus actividades: Parece sencillo, pero no lo es. Si logras hacer esto has ganado más de la mitad de la batalla. Algunas veces nos concentramos tanto en lograr nuestras metas que sentimos que no hay tiempo para nada más. Permíteme contarte algo simpático.

En una zona rural de Estados Unidos, un granjero y su perro se sentaban en la cerca a observar los camiones que pasaban por la carretera. Cada vez que pasaba un camión, el perro lo perseguía hasta que se perdía de vista.

Un día un amigo del granjero le dijo: "¿Crees que tu perro va a alcanzar algún camión?".

El granjero respondió: "Eso no es lo que me preocupa. ¡Lo que me preocupa es lo que haría el perro si lo atrapa!".

Muchos de nosotros actuamos como ese perrito, dedicamos la vida a perseguir metas que, aunque las alcancemos, tienen poco valor. A veces vale la pena detenernos y preguntarnos si tenemos objetivos que valga la pena alcanzar.

Planifica tu horario en periodos de una hora: Nada es demasiado sencillo o carente de importancia para entrar en esta categoría. Si algo es importante para ti señálalo. No olvides el tiempo para dormir. Cuando estás estableciendo un tipo de horario como el que tenías en el colegio, dale atención especial a lo que quieres hacer, sin importar lo sencillo o insignificante que parezca ser. Recuerda que en el colegio tenías más clases de matemáticas que de ciencias sociales. Esto refuerza el concepto de asignar prioridades.

Mantén un registro de tiempo hasta que te acostumbres a la idea: Por supuesto hacerlo siempre es excelente. Aunque tal vez queramos pensar que podemos recordarlo todo, el poner las cosas por escrito es bueno. Las agendas que se consiguen en el mercado por lo general tienen periodos en espacios de dos horas. Ayuda mucho subdividir tu día. Esto no es sólo para los ejecutivos que están muy ocupados. Es para todo. Desde el niño que va a la escuela hasta la ama de casa, todos lo necesitan.

No dejes las cosas para después: Nunca dejes para mañana lo que planeaste terminar hoy, ésta es la forma más importante de perder el tiempo. Se le podría llamar el ladrón del tiempo. Sé exigente contigo mismo y elimina este mal hábito de tu vida. Empieza haciendo algo que has estado dejando para más tarde, una tarea difícil que debes abordar, una disculpa que hace mucho deberías haber dado, dinero que le debes a alguien, lo que sea.

Él se durmió bajo la luz de la luna,
descansó bajo la luz del sol,
vivió una vida de "voy a hacer",
y murió sin haber hecho nada.

Delega: No trates de encargarte de todo el espectáculo personalmente. A muchos de nosotros nos gusta pensar que podemos llevar a cabo, sin ayuda de nadie, la mayoría de las tareas de la mejor manera, que depender de otros a menudo implica riesgos. Aquí es importante el buen liderazgo. Es decir, determinar atinadamente quién es la persona más capaz para esa tarea. Obviamente, en una oficina o en un hogar una persona simplemente no puede hacerlo todo. Es necesario delegar.

Identifica a la persona indicada y dale instrucciones que pueda entender con facilidad, por ejemplo, no sólo le digas a un niño: "ve a comprar pan", dile en forma explícita a qué tienda debe ir, qué marca debe comprar y cuánto podría costar.

Lo más importante es "la forma de pedirlo", y no ordenarlo. Delegar no significa ordenarle a una persona que haga algo, significa identificar y asignar a la persona a esa tarea y luego hacer que la persona sienta que es importante que se le haya elegido para realizarla.

Aborda las tareas dentro de tus límites: Aprende la diferencia entre el comportamiento agresivo y el comportamiento firme. En pocas palabras, aprende el arte de decir "NO" cuando tengas que hacerlo.

Aquí, es necesario diferenciar entre una acción firme y una acción afirmativa. Consideremos una situación en que las personas están haciendo fila para comprar boletos del tren. Alguien simplemente se pone delante de ti y trata de llegar más rápido a la ventanilla. Normalmente nos quejamos de las personas que no se comportan de forma adecuada. Este comportamiento no es *firme.* Decirle a la persona que tú estás primero, y que debería formarse en la fila es un *comportamiento afirmativo.*

Para formar relaciones felices, uno debe expresar sus deseos y necesidades de tal manera que muestren respeto a otros. Encontrar el buen equilibrio entre la timidez y la agresión es actuar con firmeza y no con agresividad. Para actuar con firmeza uno necesita ser directo al expresar lo que quiere decir y no darle vueltas al asunto. Muchos de nosotros no hacemos esto con naturalidad y debemos practicarlo conscientemente.

De manera específica, culturalmente se nos ha condicionado a darle vueltas a las cosas y a esperar que la otra persona entienda nuestra situación. ¡Y luego nos sentimos ofendidos porque la otra persona no nos responde!

Todo esto es parte de nuestro LEGADO CULTURAL, en este caso y en esta época es una característica similar que daña nuestra salud, así que debemos analizar cómo encaja esto en las situaciones de la vida diaria.

Estoy segura de que estarás de acuerdo conmigo en que tenemos que aprender a decir lo que queremos decir y, de manera más especifica, que debemos aprender a decir NO cuando queremos decir NO.

El teléfono consume tiempo: Haz llamadas durante horas específicas. Esto también se refiere a recibir llamadas y a atender a visitas inesperadas: las llamadas inesperadas en el momento inadecuado pueden arruinar tu horario, lo mismo que las visitas inesperadas. Aunque es común hacer una cita para ver al médico o para reunirse con una persona importante, por lo general se cree que está bien visitar inesperadamente a los buenos amigos y a los familiares. Sería buena idea cultivar el hábito de preguntarle a la persona si tiene tiempo para una larga charla contigo en ese momento. Un "no" honesto no debería ofenderte o hacerte pensar en forma negativa sobre la persona. Lo que ocurre, por lo general, es que la persona que dijo que está ocupada en este momento, es muy orgullosa, "ha olvidado todo lo que has hecho por ella cuando necesitó tu ayuda", etc. Ha llegado el momento de ver las cosas tal como son y de establecer un horario conveniente para un diálogo largo.

Puede decirse lo mismo sobre las visitas inesperadas. Aunque debe hacérseles sentir que son bienvenidas, no es justo que esperen que manipules tus horarios para adaptarte a sus deseos. En ciertas culturas se piensa que un invitado es como un dios. Pero digamos que en el mundo actual ¡incluso el buen dios tendría que hacer una cita para reunirse contigo! Dejando a un lado las bromas, sería práctico ponerse en contacto con la persona antes de visitarla y ajustarse a su estilo de vida y a sus horarios. Como dice la gente:

¡Algunos te hacen feliz cuando llegan;
algunos te hacen feliz cuando se van!

Disfruta un tiempo personal al final del día: Usa esto para revisar la forma en que utilizas tu tiempo. Ante todo, las madres de familia muy ocupadas, que tienen tantos deberes que realizar, que se privan de este tiempo personal.

Créeme, los quince minutos que te dedicas a ti, cargan tus energías de manera espectacular y te dan una sensación de serenidad que te encantará; además te ayudan a enfrentarte mejor a tus responsabilidades.

Recuerda que lo que se dijo hace muchos años sigue teniendo valor hoy en día y tiene mucho contenido.

Hay dos días de la semana que deberían estar totalmente libres de estrés. Uno es el ayer, pues ahora ya no tiene importancia y el otro es el mañana, pues todavía no ocurre.

Saludo al amanecer

¡Mira este día!
Pues es vida, la verdadera vida de la vida.
En este breve curso
están todas las variedades y realidades de tu existencia.
La delicia del crecimiento
la gloria de la acción
el esplendor de la belleza.
Pues el ayer es sólo un sueño
y el mañana es sólo una visión.
Pero el hoy bien vivido hace que todos lo ayeres
sean un sueño de felicidad.
Y que todos los mañanas sean una visión de esperanza.

Por lo tanto, ¡mira bien este día!
Éste es el saludo al amanecer

Kalidasa

❑ ❑

9

El estrés y los niños

Me duele tener que escribir este capítulo porque estoy segura de que te vas a sentir mal cuando lo leas. Me he dedicado a hacer una campaña para que todos nosotros tengamos más conocimiento, que estemos más conscientes de las situaciones problemáticas y que usemos todas las herramientas que están a nuestro alcance para corregir nuestra actitud ante las situaciones difíciles. Recuerda que la ansiedad no ataca; nosotros somos los que preferimos pensar que lo hace.

Pero cuando los padres son víctimas de la ansiedad cuando llevan a sus hijos a las clínicas médicas, quejándose de ciertas dificultades, creo que es el momento adecuado para considerar este problema, desde todos los ángulos posibles, y de intentar todo lo que está a nuestro alcance para arrancar esto de raíz.

Hace algunos años era inconcebible decir que un niño era víctima del "estrés". Nos habríamos preguntado: "¿cómo puede un niño sentir estrés?". En la actualidad, en nuestro mundo moderno, siendo las cosas como son, se deja a los bebés al cuidado de personas extrañas, ya sea con niñeras o en guarderías dirigidas en su mayoría por personas que carecen de entrenamiento. Cualquier psicólogo podría decirte que el estar separado de sus padres es la primera situación de estrés que un niño podría enfrentar en un hogar normal. Por lo general, hace un par de décadas, esto se hacía cuando el niño tenía cinco años, pero en la actualidad las guarderías aceptan niños que todavía no saben caminar. Las admisiones de la sección maternal empieza con niños de dos años y medio. No estamos tratando de analizar a las familias disfuncionales, simplemente estamos analizando situaciones normales de la vida que pueden ser factores de estrés para los niños pequeños.

Es un hecho que es difícil proporcionar respuestas fáciles a tales problemas. Cada pareja debe encontrar sus propias soluciones. El único factor redentor es que esto no sólo causa ansiedad. A medida que los niños crecen, desafortunadamente, los padres aumentan su estrés en forma considerable.

Otra causa es la llegada de un nuevo hermano a la familia. El niño puede sentirse "amenazado" pues el recién llegado podría competir con él y compartir el afecto de los padres. Los padres inteligentes pueden resolver esto con bastante facilidad y muy a menudo el niño aprende a aceptar al recién llegado.

Al paso de los años, el cumplir con programas escolares y la competencia de los compañeros aumentan el estrés. A esto podemos añadir problemas interpersonales como los pleitos con el "mejor amigo", los celos, la posesión de juguetes, etc. Todo esto parece bastante trivial y la mayoría de los adultos no le prestan atención. Pero estos factores son de máxima importancia para el niño. Es posible darse el tiempo para escuchar los problemas del niño y es posible que la solución no sea descartarlos en forma arbitraria, diciendo que son "tonterías".

Regresemos a la familia Ramírez, Sarita y Vicente tienen dos hijos, Patricia y Ramón. Mientras Sarita trabaja, los abuelos cuidan a los niños. A veces existe un conflicto en lo relacionado con las necesidades de los niños y en ocasiones situaciones externas que representan problemas para los padres son la causa de conflictos entre los abuelos y los padres. En pocas palabras los niños se convierten en piezas de ajedrez, en un juego de conflicto de egos, Patricia le pide a su abuela que le ponga algo más sabroso que el almuerzo normal porque todos sus compañeros de la escuela llevan pizza y pasta. La abuela está de acuerdo en aprender a preparar estos platillos y le promete que en unos cuantos días se los pondrá en su almuerzo. Sarita podría interferir y preparar los platillos favoritos de sus hijos de vez en cuando, o podría criticar a su suegra por no darles gusto a los niños. Esto puede continuar y nunca terminar.

En este sencillo ejemplo podemos ver las señales de "correcto e incorrecto" que los adultos pueden transmitir a sus hijos y sembrar las semillas de patrones de conducta futuros.

Muy a menudo los deseos de los padres que no se cumplen son factores de presión en la vida de un niño, los padres de manera inconsciente, o a veces consciente, presionan a sus hijos cuando parecen sufrir más estrés y ansiedad debido a sus exámenes de fin de año. Este tipo de periodos para algunos son motivos de felicidad, para otros son motivos de recriminaciones y para otros más son motivo de pesar.

Lo más triste es el número de suicidios que ocurren en esta época del año debido a los fracasos en los exámenes.

- ¿Quién ha hecho que los niños estén tan conscientes del fracaso?
- ¿Quién no los ha preparado para las diferentes alternativas?
- ¿Quién ha establecido estándares imposibles de alcanzar por los estudiantes?
- ¿Quién no le ha inspirado suficiente confianza en sí mismo para que pueda aceptar un fracaso y usarlo como un escalón para otros logros?
- ¿Quién le ha hecho sentir tan indigno que no es capaz de enfrenar a su familia y está harto de la vida?

Aunque todo ser humano tiene el derecho de vivir su vida como elija hacerlo, creo que ninguno de nosotros tiene el derecho de distorsionar o mutilar la vida de otro individuo, en especial cuando ese individuo tiene la desventaja de la edad para darse cuenta de lo que se le está haciendo o es incapaz de vengarse.

Las siguientes líneas de Kahlil Gibran ilustran de maravilla la relación que existe entre un hijo y un padre. El énfasis está en la fuerza del padre para moldear las energías de su hijo, aceptándolo siempre como un individuo por derecho propio y no como una copia de sí mismo.

> Vuestros hijos no son vuestros hijos.
> Son los hijos y las hijas del anhelo de la vida,
> ansiosa por perpetuarse.
> Por medio de vosotros se conciben, mas
> no de vosotros.
> Y aunque estén a vuestro lado, no os
> pertenecen.
> Podéis darles vuestro amor, no vuestros pensamientos:
> porque ellos tienen sus propios pensamientos.
> Podéis albergar sus cuerpos, no sus almas:
> porque sus almas habitan en la casa del futuro,

cerrada para vosotros, cerrada incluso para
vuestros sueños.
Podéis esforzaros por ser como ellos, más no
tratéis de hacerlos como vosotros:
porque la vida no retrocede, ni se detiene en
el ayer.
Sois el arco desde el que vuestros hijos son disparados como flechas vivientes hacia lo lejos.
El arquero es quien ve el blanco en el camino del
infinito,
y quien os doblega con Su poder para que Su
flecha vaya rauda y lejos.
Dejad que vuestra tensión en manos del
arquero se moldee alegremente.
Porque así como Él ama la flecha que vuela, así
ama también el arco que se tensa.

¿Qué queremos en realidad para nuestros hijos?

Todos los niños vienen a este mundo con el potencial para un éxito razonable. Pero a veces no nos preocupamos por darles la guía adecuada.

Uno no puede comprar un contrato anual de guía en una empresa y dejar que ella resuelva todos los problemas.

A nuestros hijos se les está educando en una atmósfera de ansiedad que se les transmite automáticamente. A menudo introducimos a sus mentes jóvenes afirmaciones como: "Ya es hora de que te preocupes por tus exámenes".

Desafortunadamente a la mayoría de los niños se les educa en una atmósfera de prioridades distorsionadas. Se les educa en una atmósfera de intensa competitividad, se les educa con la creencia de que no ser capaz de lograr algo es un pecado mortal.

Estamos educando generaciones futuras de personas propensas a la ansiedad y hacemos que sufran a causa de úlceras, ataques cardiacos, etcétera.

La actitud que prevalece es: "Haré por mis hijos lo que mis padres han hecho por mí", es posible que esta incoherencia en la conducta sea lo que cause confusión y estrés en los niños.

Y repito una frase común: intervenir al principio es lo mejor. En el caso de los niños, ¡los patrones de conducta de los adultos deben modificarse cuando el niño está en el vientre de su madre! El mundo es perfecto; no hay ansiedad en ninguna parte, sólo las personas tienen pensamientos de ansiedad.

Analicemos en detalle algunas de las causas y efectos del estrés.

Esfuerzo y competitividad intensos

Hace varias décadas, en una junta de padres de familia, vi a una madre muy molesta que estaba cuestionando a la maestra porque su hija tenía una calificación más baja en un examen en comparación con un examen anterior. Culpó a la maestra de ser ineficiente al guiar el trabajo de la niña, y castigó estrictamente a su hija por sus malas calificaciones, prohibiéndole jugar hasta que mejorara. Ella misma estaba muy molesta, la niña sólo tenía cinco años de edad.

Demasiada organización y demasiados logros

Hoy en día se espera que un niño sea el primero de la clase, sea un excelente y talentoso jugador de tenis o una excepcional bailarina que aprenda destrezas adicionales, otro idioma y a usar la computadora. Incluso que sea excelente en actividades recreativas adicionales como nadar o jugar ciertos juegos, etc. Desde el momento en que se despierta hasta el momento en que se va a dormir, cada hora está estructurada. No hay tiempo libre. Es decir, tiempo para distraerse o para relajarse; hasta sus periodos de juegos están estructurados, prácticamente no tiene tiempo para interactuar con otros niños.

Todo esto no sólo les causa estrés a los niños, sino también a los padres. Estoy segura de que todo esto pasa porque permitimos que pase. Si el hijo de alguien puede hacer todo esto y más, ¿por qué mi hijo no?

Estoy segura de que la mayoría de los padres hacen esto. Creen que ayudarán al niño a enfrentarse al mundo. Pero recuerda que "la vida es lo que nos está pasando mientras estamos ocupados planeando otras cosas". Estoy segura de que no estamos conscientes de algunas de nuestras acciones, que son la causa de este patrón de estrés en la vida.

Intentaré enumerar algunas de las interacciones más comunes entre los adultos y los niños que *hacen que los niños elijan la ansiedad como un estilo de vida.* Entonces podrás analizar cómo aplicar esto a situaciones específicas, y así las acciones para remediarlas serán más sencillas.

1. *Un estilo de vida lleno de presiones y sin oportunidad de relajarse.* Hacer todo con prisa y esperar que el niño hable inmediatamente, aprenda a usar el baño de inmediato, incluso antes de que su cuerpo sea capaz de coordinar este tipo de respuestas mentales y corporales, esperar a que aprenda el alfabeto pronto y recite rimas. Esto por lo general es un impulso para acelerar el patrón de desarrollo normal único de cada niño. Sabemos que en la actualidad las escuelas tienen grupos de prematernal, que admiten niños de dos años y medio y tres. Hay guarderías donde a los niños pequeños se les enseña disciplina, el alfabeto y los números, todo con la aprobación de los padres.
2. *Poner todo el énfasis en ser mejor, más rápido y más listo que otros.* Al intentar esto los logros que no son visibles para el mundo no se toman en cuenta; por ejemplo: El crecimiento interno en que el niño cultiva pequeñas destrezas como ayudar a otros; actitudes con-

templativas, como darse cuenta de lo que quiere en la vida, expresados en el vocabulario del niño; las cosas que le gustaría hacer, la comunicación con sus padres de cosas que no sean logros escolares; desarrollar lazos de amistad, etc. Parece que lo que es importante son las destrezas que pueden mostrarse al mundo, como calificaciones escolares excelentes, trofeos, premios etc. Aunque no toda la competitividad es nociva y animar al niño hacer las cosas bien no es malo, lo mejor es tomar el punto medio.

3. *Comparar a nuestros hijos con otros niños, en especial con sus hermanos y hermanas.* Existen frases populares en muchos idiomas que dicen que los dedos de la mano son distintos. La sabiduría de la abuela no tiene paralelo, pero aunque nos gusta citar estas frases cuando nos conviene, comparar a nuestros hijos con los de nuestros amigos y familiares es una práctica común. Por otra parte, si un niño dijera que el padre de otro niño es muy rico, tiene una excelente posición y te preguntara por qué no eres como él, ¿cómo reaccionarías?

"¡Pórtate bien y deja de ser grosero con tus padres!".

O sales con una letanía de las circunstancias de la vida que te impidieron alcanzar esa alta posición.

Cuando culpas al niño estás sembrando las semillas para este tipo de agresión pasiva, o estás culpando a otros sucesos, situaciones o personas por sus acciones.

4. *Hablar de los errores que el niño cometió en el pasado.* Aunque un niño pudo haber cometido un error, como romper un vaso, decirle una y otra vez que no se puede confiar en él para llevar agua en un vaso porque una vez rompió uno, sólo refuerza una característica negativa. Para ayudar a los niños a aprender de sus errores, concéntrate en sus logros y no en sus defectos.
5. *Usar la culpa o amenazas.* Decir algo como: "Espera a que llegue tu papá a la casa" o "Deberías estar avergonzado" o "¿Cómo pudiste hacerme esto, después de todo lo que yo he hecho por ti?". Éstas son acciones que reducen la valía del niño y hacen que no sienta aprecio por sí mismo. En oca-

siones también puede provocar, posteriormente, un comportamiento muy agresivo en la vida hacia la sociedad en general y en ocasiones hacia quienes le lanzaron esos insultos psicológicos.

6. *Negarse a permitir que los niños crezcan independientemente.* Aconsejándolos en todo momento, negándose a permitir que tomen decisiones o descartando cualquier decisión que hayan tomado como algo absurdo o carente de mérito. Una tendencia que prevalece es hablar de la edad como si fuera un derecho a afirmar que uno está bien informado. Decirles a los niños cuánto le deben a uno y que deberían avergonzarse de irse de la casa y vivir lejos de la familia, puesto que los padres están envejeciendo y los necesitan. Todo esto fomenta la dependencia en lugar de la independencia.
7. *Enseñarles a preocuparse.* Declaraciones como: "Los exámenes van a ser dentro de unas semanas y más te vale comenzar a preocuparte por ellos".
8. *Castigar a los niños sin explicarles* por qué se les está castigando y no ayudarles a enten-

der lo que estuvo mal. "¡Hice lo que me ordenaron y nadie me explicó nada!" es una respuesta común. Hacer que el niño sufra por un insulto sin explicarle la causa, ni las consecuencias de su mal comportamiento, no tiene ningún propósito y sólo hace que el niño sienta resentimiento. Trata de explicar con paciencia y sin enojo y encontrarás que el esfuerzo de hacerlo vale la pena. También debe evitarse el corregir o castigar al niño enfrente de otros.

9. *Quejarse sobre la vida enfrente de los niños.* Quejarse de los familiares, los colegas, los jefes y hacer comentarios negativos sobre ellos, sólo le enseña a un niño a despreciar a otros y a ser intolerante hacia ellos. Hablar de tratos de negocios y de ciertas prácticas astutas relacionadas con ellos enfrente de los niños o hacerlos sentir que un poco de deshonestidad es absolutamente aceptable, o fomentar la actitud de que el dinero lo puede sacar a uno de la mayoría de las situaciones y puede hacer que una persona consiga lo que quiere, aunque no sea capaz de ganar

ese dinero con sus propias habilidades o meritos, es una actitud contraproducente.

10. *No hablar acerca de sus propias vidas,* miedos y tópicos personales. Siendo su juez y crítico, más que un amigo o su confidente y asesor.

Hoy en día los especialistas y sicólogos infantiles están tratando niños hasta de tres años de edad debido a síntomas de estrés. ¿Cómo se puede identificar a un niño que tiene este problema?

1. Hace berrinches como romper cosas y jalarse el cabello.
2. Se niega a comer.
3. Tiene comportamiento agresivo con otros niños y con sus hermanos.
4. Se introvierte y no convive con otros niños.
5. Roba y dice mentiras.
6. Tartamudea y moja la cama; rechina los dientes mientras duerme.
7. Es desatento en la escuela y los profesores se quejan de que su comportamiento y atención se han alterado.

8. Exige cosas e insiste en que sus exigencias se cumplan al instante.
9. Se causa daño para atraer la atención o llora hasta que prácticamente no puede respirar.
10. Tiene mal comportamiento. Sale de casa para ir a la escuela, pero se va a otro lado y regresa a casa a la hora apropiada como si estuviera regresando de la escuela.

Si un padre de familia nota cualquiera de estas características durante cierto periodo, el mejor remedio es buscar ayuda profesional. Trata de no justificar estas características con frases como "sólo es un niño", "dicen que su padre/madre se comportaban así", etcétera.

Los siquiatras han estado señalando que los pasatiempos agradables de los padres de familia influyen en la conducta. Los juguetes que les compramos a los niños para que se diviertan pueden jugar un papel vital en la formación de su mente. Los juguetes que motivan a los niños a cuidarlos fomentan la seguridad y actitudes de cariño, pero los juguetes agresivos, como pistolas y otras armas, y los juguetes rápidos, como los coches y otros vehículos, fomentan una tendencia hacia la agresión y hacia hábitos de velocidad: ¡De llegar rápido sin importar cómo! ¿Podemos ver aquí las semillas de la agresión en las calles?

¡Podemos influir inadvertidamente en la psique de un niño!

"Las muñecas son para las niñas y los coches y las pistolas son para los niños" es una tendencia que está cambiando rápidamente alrededor del mundo. Este tipo de etiquetas para los sexos no son deseables y los juguetes que fomentan el cariño han adquirido una popularidad universal. De manera similar a los niños les gustan los juguetes instructivos y educativos. Les enseñan y al mismo tiempo los entretienen.

El comprar ya no es un asunto sencillo donde el precio lo decide todo, es necesario considerar que el comprar es un instrumento para ayudar al niño a crecer en la dirección correcta.

Como adultos, ha llegado el momento de superar nuestros prejuicios y de dejar de usar viejas excusas como: "Cuando era niño yo hacía lo que mi padre decía", e intentemos ver hacia el futuro. Vivimos en un mundo que cambia con rapidez y con la misma astucia con la que aceptamos y nos acostumbramos a ciertos aparatos modernos, también deberíamos intentar aprender más sobre sicología infantil para que podamos ayudar a nuestros hijos a acostumbrarse a este mundo de cambios rápidos, y cuidar de su salud mental con la misma cautela con la que cumplimos meticulosamente con su programa de vacunación.

Cuando yo era niño hablaba como niño, comprendía como niño, pensaba como niño; pero al convertirme en un hombre dejé atrás las cosas de niños.

Corintios XIII.II

Educa a un niño de tal forma que desee crecer. Así cuando sea mayor no se apartará de lo que le has enseñado.

Ésta es una descripción de la juventud "moderna".

"A nuestros jóvenes les encantan los lujos. Son mal educados, desprecian a la autoridad; son irrespetuosos con sus mayores y prefieren charlar en lugar de hacer ejercicio. En la actualidad los niños son tiranos, no siervos en sus hogares, ya no se ponen de pie cuando las personas mayores entrar a la habitación. Contradicen a sus padres, hablan con las visitas, se atragantan la comida y son unos tiranos con sus maestros". Y esto lo dijo Sócrates hace siglos.

Esto simplemente muestra que las personas mayores han tenido las mismas percepciones sobre la juventud desde épocas muy lejanas o que los jóvenes siempre han tenido la característica de actuar a su antojo, alejándose del camino tradicional. Todo lo que se ha dicho en este capítulo refuerza la idea de que los mayores son los que han inculcado ciertas ideas preconcebidas en los niños durante sus años formativos; y cuando las presiones adicionales, de fuentes externas a la familia, tienen como resultado un reajuste probable o incluso en ocasiones un descontrol, ¡esto se ha descrito como rebelión!

Casi siempre yo culpo directamente a los padres. En un mundo de cambios rápidos, donde adaptarse con rapidez es el principio clave, debemos darles a los niños cierto espacio.

Ellos tienen sus propios problemas, además de los problemas comunes a todos nosotros; el mayor de estos problemas es encontrar una carrera satisfactoria, vivir de acuerdo a las expectativas de sus padres, en ocasiones enfrentarse a campos totalmente contrarios a sus propios sueños, a detalles como mantenerse al tanto de las tendencias modernas, ya sea en la ropa, en las cafeterías, lugares para jugar boliche o deportes acuáticos. Vamos, padres de familia: ¿tuvieron que enfrentarse con este tipo de situaciones?, ¿existían estas cosas en el horizonte para nosotros?, ¿no teníamos un mundo más sencillo y menos competitivo?

Es un mundo de cambios rápidos, démosles a los niños un poco de tiempo para adaptarse; para elegir, para seguir sus sueños. Y de hecho, los padres de familia no siempre están en lo correcto; no son la fuente de todo conocimiento y, aunque sea difícil aceptarlo, cada padre de familia ha cometido sus propios errores, ha tomado decisiones equivocadas: "Ah, sí, por eso quiero proteger a mi hijo de todos los errores que cometí". Pero la vida del hijo es diferente a la del padre. ¡Los tiempos son diferentes y las selecciones son diferentes! Y lo más importante es que el joven tiene que cometer sus propios errores y aprender de ellos.

Sinceramente creo que los hijos tienen un potencial inmenso para hacer que el mundo sea un lugar más feliz para ellos y para todos los demás, así que quiero dar este consejo a los jóvenes:

Existen siete crímenes nacionales.
No pienso
No sé
No me importa
Estoy demasiado ocupado
Vivo bastante bien solo
No tengo tiempo para leer o investigar
No me interesa

Elimina las ideas negativas de cada uno de estos puntos y se abrirá ante ti un mundo hermoso.

"Hasta cierto punto el entorno, la herencia y los movimientos y cambios del mundo que le rodean, dan forma a la vida del ser humano. Después llega el momento en que el hombre puede dar forma a la arcilla de su vida, transformándola en lo que él desea hacer. Sólo los débiles culpan a sus padres, a la raza, a su época, a la falta de buena fortuna, o a los caprichos del destino. Todos podrían decir: "Soy esto hoy; seré eso mañana".

❑ ❑

10

El estrés y las mujeres

Es un hecho que todos los factores de estrés y las herramientas para combatirlos son comunes a toda la humanidad. En ciertas culturas existe una clase especial que a menudo es el blanco de innumerables injusticias sociales y prejuicios ciegos, y es necesario abordar esta categoría como un estudio especial. Me refiero a las mujeres en dichas culturas.

Estás mujeres han sido sometidas a un condicionamiento especial; se les enseña desde la cuna algo que las obliga a aceptar muchos prejuicios como parte de la vida, como parte del destino, como algo que les sucede a todas las mujeres, que es la regla y que una mujer nunca puede esperar ser la excepción. Aunque es posible enumerar y enlistar tales prejuicios que son interesantes, ya que son conceptos que se han inculcado profundamente y aumentan en gran medida los niveles de estrés en las mujeres. Muchas veces una mujer ni siquiera está consciente de que tiene un problema y está condicionada a aceptarlo como parte de la vida, con frecuencia se le pide que se apoye en sus grandes recursos de fuerza de voluntad y poder divino.

Para hacer este estudio más específico veamos de nuevo a la familia Ramírez. Hay cuatro mujeres en la casa...

- Camila, la anciana de la casa, es esposa, madre, suegra y abuela.
- Sarita, que tiene aproximadamente 30 años de edad, es la nuera de Camila, esposa de su hijo mayor. Es una mujer que trabaja y que fue a la universidad y es madre de dos niños que van a la escuela.
- Anita, es la hija de la familia y tiene 24 años de edad, estudió en la universidad y acaba de casarse. Vive en la misma cuidad que sus padres.
- Patricia, tiene siete años de edad y es la nieta de Camila, hija de Sarita; estudia en una

primaria bilingüe junto con su hermano menor, Ramón, de cinco años de edad.

Ésta es una familia urbana, donde todos los miembros han ido a la escuela y se llevan razonablemente bien. Sin embargo, hay ciertos estereotipos que no pueden evitar. Camila es una suegra comprensiva y entiende la necesidad de trabajar que tiene Sarita, considera que su trabajo es una fuente adicional de ingresos para la familia y no le importa perder algunos "privilegios" debido a que Sarita sea una mujer que trabaja. Tampoco le desagrada cuidar a sus nietos. Sin embargo en ocasiones se siente molesta.

Sarita conserva parte de su salario en su cuenta personal. Después de todo no es su deber entregar todo lo que gana para después pedir el dinero que ella necesita para gastar.

¿Necesita Sarita toda esa ropa? ¿Necesitan los niños vestirse de acuerdo al ultimo grito de la moda?

¿Está ahorrando Sarita lo suficiente para la educación de sus hijos?

Anita se casó hace más de un año. ¿Por qué no está embarazada?

Después de todo, Anita es la hija en esta familia; ¿por qué se molesta Sarita cuando Anita está en casa todos los domingos?

Anita tiene que aprender a adaptarse más a su hogar de casada, en ocasiones parece estar en conflicto con su esposo sobre varias cosas. Aunque se graduó en la universidad, tiene que aprender a quedarse callada.

Ella preferiría morirse antes que su esposo, ¿pero quién lo cuidaría si ella muere antes? Por lo menos tienen la casa que les da cierta seguridad para cuando sean viejos. Pero está el préstamo, y Vicente ayuda a veces ¡Sarita también quisiera ayudar! ¿Y quién la cuidará si su marido muere antes que ella?

Todos estos problemas se agolpan en su mente una y otra vez, le causan dolores de cabeza e hipertensión. Algunos no los puede ignorar, pero puede platicar sobre ellos con otras personas.

Las preocupaciones de Camila son parte de su formación, son una actitud mental que se crió en ella desde su infancia; y aunque se ha adaptado de forma admirable a las formas cambiantes de la vida, sigue teniendo algunos prejuicios que a la larga son dañinos.

Camila se preocupa porque Patricia no es una niña bonita; eso siembra inseguridad en Patricia y hace que pierda autoestima. Si alguna vez la llega a rechazar un posible esposo, ella va a considerar que es una carga para la familia.

Camila también se preocupa porque Anita no ha tenido hijos, constantemente le hace preguntas al respecto e interfiere en asuntos relacionados con su vida de pareja; esto se basa en actitudes tradicionales que no se han podido eliminar a lo largo de los siglos. Ella seguirá creyendo que las hijas deben seguir las reglas en la casa de sus suegros. Finalmente no todas pueden ser tan afortunadas como Sarita por tener una suegra como ella. Pase lo que pase, ella debe ceder.

Estos son factores de estrés adicionales, en la vida de una mujer, que dañan su paz mental. Por otra parte la religión es un gran consuelo, pero es triste que en ocasiones el ritual tome el lugar de la religión y cause otro tipo de problemas.

Sarita está felizmente casada, tiene sus propios ingresos, que le permiten ahorrar, y tiene dos hijos.

Está consciente de que la presencia de sus suegros es un factor que estabiliza la vida de sus hijos. Los abuelos los consienten y son muy indulgentes con ellos. ¿Entonces por qué se siente molesta con ciertos detalles que le sugiere su suegra? ¿Es porque se le ha condicionado para creer que ella y sus suegros están en polos opuestos y que una relación amigable no es posible en realidad?

¿Necesita quejarse con su esposo sobre todos los detalles triviales que ella puede resolver? ¿O sin darse cuenta está cayendo en la trampa de hacer que él tome partido? ¿Alguna vez les aseguró a sus suegros que la familia los necesitaba y los amaba mucho, a pesar de las circunstancias?

Algunas mujeres no suelen asegurar, ni piden que se les asegure este tipo de cosas. Todo está implícito, todo se da por sentado; todo es un "deber", sin importar lo desagradable que pueda ser. Y si cumplir con esos deberes hace que ambas partes se sientan muy desdichadas, ése es su destino y debe soportarse en forma estoica, pero nunca debe comentarse y nunca deben buscarse otras alternativas que sean aceptables para ambas partes.

¿Se va a sentar a platicar con su hija y asegurarle que la belleza no es sólo externa y que todos la quieren incondicionalmente? ¿La va animar a que estudie bien, enfatizando la importancia de una carrera? ¿O va a ceder ante el punto de vista tradicional de que el color y la complexión son importantes y que quienes nacen sin belleza se convertirán en una carga cuando se trata del matrimonio?

¿Le enseñará a su hijo que el trabajo de la casa no es sólo responsabilidad de las mujeres y que él también debe comenzar a compartirlo, conforme crece? ¿Le dará a entender a su suegra y a los otros miembros de la familia que en esta época las tareas no se basan en el sexo y que es esencial que los niños aprendan todo tipo de destrezas? ¿O a pesar de estar en desventaja al tener que coordinar una carrera profesional y una vida doméstica, insistirá que es una prerrogativa del varón sentarse y dar órdenes a las mujeres de la casa?

¿Aprenderá a comentar con su esposo que en esta época es posible que los hijos dejen el hogar y forjen una carrera para sí mismos, que podrían casarse con personas de otra cultura o religión y que los padres deberían prepararse para aceptar este tipo de situaciones si llegaran a suceder?

¿Les dará a sus hijos la libertad para hacer elecciones y de crecer a su propio paso? ¿O va a insistir en que sus hijos tienen el deber de quedarse a vivir con ellos y de cuidarlos cuando sean ancianos?

Sarita parece ser el tipo de persona que es capaz de identificar los factores de estrés, cuando se presenten, con una mente abierta. Es posible que maneje la situación con un alto nivel de adaptabilidad.

Ahora hablemos de Anita. ¿Permitirá que su madre interfiera en su decisión y en la de su esposo con respecto a tener hijos porque esto es lo que se acostumbra en la mayoría de los hogares?

¿Se mantendrá firme si sus suegros no la tratan con justicia? ¿O sucumbirá a la teoría de que pase lo que pase ella tiene que aceptar lo que le toque en su hogar marital?

¿Contará con el apoyo de sus padres y hermanos cuando se requiera, y no le dirán que su lugar está en la casa de sus suegros y que una vez que se ha casado y se ha ido no tiene lugar en la casa de sus padres?

¿Se adaptará a su cuñada Sarita que fue su amiga y confidente hasta que se casó o permitirá que los prejuicios antiguos dañen esa relación de amistad?

Y finalmente, pero de igual importancia, tenemos a la pequeña Patricia. ¿Crecerá libre de los grilletes de actitudes antiguas y se convertirá en una joven capaz y fuerte que tenga el valor de tomar decisiones a pesar de lo difícil que parezca?

Todo esto parece una gran leyenda familiar, pero tal vez te preguntes dónde se encuentran los factores de estrés.

Justo al principio dijimos que los factores de estrés tienen dos formas: eventos en la vida y líos cotidianos.

La mayoría de las mujeres tienen que soportar un mayor número de líos que el hombre promedio. Y como hemos mencionado en repetidas ocasiones el estrés es capaz de acumularse, y cuando lo hace se refleja en la salud de la mujer. En vista de que las mujeres son más fuertes, las presiones de la tradición y del pensamiento tradicional están incrementando aún más sus niveles de estrés en la época moderna. Las mujeres están en una etapa de transición, y es posible que esta etapa sea más difícil que simplemente recorrer un camino que muchos han recorrido antes.

Los médicos generales, los ginecólogos y los siquiatras están de acuerdo en el hecho de que las mujeres son más propensas al estrés relacionado con trastornos que los hombres.

Los síntomas comunes son:

— Fatiga.
— Dolor es espalda.
— Dolor de cabeza.
— Indigestión y problemas del sistema digestivo.
— Falta de interés en la actividad sexual.

— Dolor de pecho.
— Diversos problemas menstruales.
— Infertilidad.
— Problemas relacionados con la alimentación, como comer glotonamente o anorexia.
— Trastornos de ansiedad que incluyen palpitaciones.
— Depresión.
— Ataques de histeria.
— Suicidio.

Los diversos factores de estrés en la vida de una mujer se presentan como dolores y malestares vagos para los cuales no se puede identificar una causa clínica definida. Por lo tanto tienen que clasificarse como consecuencias del estrés.

La depresión es un problema importante en la mayoría de las mujeres mayores de 60 años. Existe cierto escepticismo relacionado con el hecho de que ellas deciden permanecer en un estado de melancolía, ya que creen que a su edad el placer y la risa no son adecuados, y que decir que son felices atraerá sobre ellas algún mal; es más seguro decir que las cosas son apenas soportables, en lugar de decir que están bastante tranquilas.

¿No hay forma de alejarse de todos estos problemas que al final de cuentas están haciendo que te enfermes?

La respuesta, una vez más, está en el nivel de la conciencia.

Conciencia de que muchas cosas son triviales. La mayoría de las veces son una tormenta en un vaso de agua que puede remediarse con destrezas que tienen que ver con la diversión.

Conciencia de que en los grandes problemas uno no debería de permitir que entraran prejuicios antiguos e interfirieran con el pensamiento racional: que la comunicación y el diálogo ayudan a llegar a mejores opciones.

Conciencia de que hay alternativas para todo y sólo tenemos que estar dispuestos a buscarlas.

Conciencia de que nacer como mujer no significa que seas un ciudadano de segunda clase.

Conciencia de que tienes tanto derecho a la buena salud como cualquier otra persona y que vas a ejercer este derecho tomando las decisiones correctas.

Algunas sugerencias:

- Cuida tu dieta. Alimentar a otros no favorece tu salud.
- Haz un poco de ejercicio todos los días, y practica alguna disciplina como el yoga durante unos minutos. ¿De dónde sacarás tiempo con todo lo que está sucediendo?
- Puedes encontrar el tiempo si lo deseas. Y necesitas este tiempo para conservar tu salud más que nadie.
- Equilibra con cuidado tus responsabilidades domésticas y tu profesión, para que nunca te abrume un sentimiento de culpa. Si te sientes culpable, tal vez necesites hablar con tu familia inmediata, y si la situación no se resuelve te sugiero que recibas asesoría profesional.
- Si tienes un problema de salud, atiéndelo. Busca asesoría profesional. Ignorarlo no hará que desaparezca; es posible que empeore. Sabemos que estás ocupada y abrumada con innumerables problemas, pero en

este momento tu salud es de máxima importancia.

- Educa a tus hijos de tal manera que no tengan que soportar el yugo de prejuicios antiguos.
- Disfruta cada día que pasa y dedica algo de tiempo a ti misma.
- Reúne a la familia. Recuerda que es tu familia y que uno necesita ser parte de una familia para sentir sus lazos y su amor.
- No pierdas tiempo y energía en cosas triviales. Ese tiempo bien podría dedicarse a la introspección; ¡tal vez llegues a conclusiones que te sorprendan!
- Ten la más alta estima hacia ti misma; sólo entonces podrás ser quien guíe a tu familia.
- Recuerda que una madre no es alguien en quien puedas apoyarte, sino alguien que hace que no sea necesario apoyarse. Guía desde el frente.

Tengo que compartir contigo esta pequeña anécdota que nunca deja de sorprenderme ante la sabiduría de los niños.

Una niñita dijo: "Mamá, ¡hoy tuve un día muy feliz!".

"¿En serio?", preguntó la mamá: "¿Qué hizo que hoy fuera diferente que ayer?".

La niña lo pensó por un momento: "Ayer mis pensamientos me controlaron y hoy yo los controlé a ellos".

Esas palabras de una niña describen la vida tal como es. Muestran una lucha perpetua entre las cosas que nos controlan y los recursos internos que hacen posible que nosotros controlemos y dirijamos la vida por el rumbo que debe seguir.

Le he dado más énfasis a este capítulo porque la señora de la casa influye silenciosamente en la manera de pensar de toda la familia. Es esencial que ella tenga una excelente salud física y emocional para poder criar una familia libre de estrés.

> Los días que
> a pesar de las tinieblas, tienen la luz
> de una mente clara, son días que duran toda la noche.
>
> La vida que se atreve a lanzar un desafío a su periodo final, cuando llega este final puede decir: "bienvenido, amigo".
>
> R. Crawshaw

¡Recibe este desafío como un amigo, preparándote bien con todas las herramientas que tienes disponibles!

Salud Física

Facilita la realización de actividades físicas.
Facilita el descanso, la relajación, el sueño y la sanación.
Ayuda al control de peso.
Contribuye a la salud nutricional.
Fortalece la resistencia a las enfermedades.
Fortalece la resistencia a los accidentes.

Salud Emocional y Mental

Fortalece la resistencia a los problemas emocionales.
Permite la libertad del abuso de alcohol y drogas.
Aumenta la autoestima.
Aumenta la capacidad para aprender.
Incrementa la confianza en uno mismo.

Salud Social

Proporciona oportunidades sociales.
Enriquece las relaciones íntimas.
Abre la puerta al apoyo social y familiar.
Fomenta la participación familiar.
Incrementa la energía para el trabajo productivo.

Salud Espiritual

Introduce alegría en la vida.
Inspira valor para enfrentar retos.

¡Voy a fomentar!

11

El estrés y las personas que se ven obligadas a trabajar en el extranjero

Al principio, hablamos de la manera en que alejarse del hogar y del entorno con el que estamos familiarizados se convierte en un importante factor de estrés. En el mundo actual nos enfrentamos a otro tipo de movimiento: alejarse de la vida no sólo en lo relacionado con el entorno conocido, sino verse obligado a vivir en una cultura ajena. El mercado laboral se ha transformado de tal manera que las oportunidades de trabajo se presentan en cualquier lugar y ¡el mundo literalmente se ha convertido en una aldea! Los aviones recorren los continentes en 24 horas. La educación ha hecho posible que respondamos a las demandas de nuestro perfil de trabajo, pero nuestro pobre corazón y con él sus emociones, no pueden hacer la transición con la misma rapidez.

No sólo sufre la persona que viaja, sino también la familia que se queda atrás en medio de una masa confusa de emociones. La felicidad que producen las buenas oportunidades profesionales, la felicidad del éxito material, la felicidad ilusa de sentir que no nos estamos quedando atrás, que nuestro hijo está en el Valle del Silicio[1]… Pero tu corazón extraña la presencia física de la persona, sufre al ver una silla vacía en la mesa del comedor al no poder estar con esta persona en su cumpleaños y sufre por otros miles de detalles.

El joven que siguió adelante en su camino vive el *glamour* inicial, la emoción de un país extranjero, el temor de no ser capaz de responder adecuadamente, de entender el idioma y sus matices, ¡y luego el impacto! Extraña su hogar, extraña a su mamá que cumplía todos

1 Valle del Silicio: zona sur de la bahía de San Francisco, en la que se concentran muchas industrias relacionadas con las computadoras. El silicio es un elemento que se usa en su fabricación. N. de. T.

sus deseos, extraña su comida en casa, extraña hablar su propio idioma, le es difícil organizar su vida doméstica, quisiera disfrutar ese platillo que le cocinaba su mamá, siente nostalgia por las películas de su patria... la lista es infinita.

Tengo un recuerdo vívido de hace aproximadamente quince años cuando no había correo electrónico y las líneas telefónicas no estaban tan avanzadas. En un concierto de un talento hindú, un médico local bastante talentoso interpretó una canción que en esa época era muy popular: "Llegó una carta de casa". Hizo llorar a toda la audiencia. De nuevo hace un año escuché otra canción que dice: "Llegan mensajes de casa preguntándome cuándo voy a regresar". Y de nuevo, a pesar de toda la comunicación electrónica que hay en la actualidad, ¡la canción hizo llorar a todo el mundo! A pesar de la velocidad de nuestras autopistas, el corazón se mueve a su propio paso; enfrentándose ante todo a las nuevas dimensiones, pero a veces cede ante la nostalgia tradicional. Como dije anteriormente: vive tus emociones, llora si necesitas llorar. Y después de la táctica de un buen llanto, siéntate a analizar las razones de tu nostalgia y la naturaleza de la situación.

Sarita llegó a casa muy exaltada. Tomó una decisión repentina al acompañar a una amiga a un proyecto de reclutamiento masivo de algunas agencias de empleos. Para su asombro, su experiencia y capacidades hicieron que los buscadores de talentos le hicieran una buena oferta. Tendría que salir para Estados Unidos aproximadamente en un mes para hacerse cargo de un puesto por dos años. Los pensamientos de Sarita eran una mezcla vívida de imágenes diferentes y contrastantes. Sentía el *glamour* de un trabajo en el extranjero, la tentación de un buen sueldo en dólares, el miedo de dejar a su familia y estar sola, la ansiedad de tener que dejar a sus hijos; ¿O podría mudarse con ella toda la familia? Tal vez. Vicente, siendo un científico experimentado en el campo de la electrónica, tal vez también podría encontrar un buen trabajo. La vida sería maravillosa, podrían vivir en una casa bonita y tener hermosos coches. ¡Todas las cosas maravillosas con las que regresaban las personas que habían trabajado en el extranjero! ¡Y los niños tendrían el beneficio de una excelente educación, una vida maravillosa y grandes oportunidades!

Y podrían pagar rápidamente el préstamo de la casa. ¿Pero quién cuidaría de los padres de Vicente? En su mente ella encontró la solución. Ramiro está ahí y se va a casar, habrá otra nuera en la casa y todo va a estar bien. Ésta era una oportunidad excelente y ella no debía dejarla pasar por alto.

En la casa la reacción fue similar. Supongo que los sueños de ganar dólares sobrepasan la mayoría de las realidades. Resultó que Vicente también tuvo mucho éxito y consiguió un buen puesto en Estados Unidos, pero en otra ciudad. Incluso se las arregló para conseguir los documentos necesarios de su departamento. En caso de que quisiera regresar a su país quería tener la seguridad de contar con su trabajo anterior. Todo esto hizo que Anita y su esposo también pensaran en trabajar en el extranjero. Ramiro se tomó su tiempo. Si todos sus hermanos estaban allá, ¿podría quedarse atrás? Camila, la matriarca de la familia, era la única que se hundía en momentos silenciosos de contemplación. Su esposo, por lo general, se mantenía alejado, como si todo esto no estuviera pasando en su casa; en ocasiones decía que el préstamo se podía pagar con facilidad y que él podía morir con tranquilidad en su antigua casa. A veces sólo se sentaba a mirar al cielo. Todo lo que estaba pasando era muy nuevo e inesperado para la pareja de ancianos. ¡Y pronto llego el momento de la partida! Veinte miembros de la familia miraron fijamente al avión hasta que desapareció sobre el mar, atravesando los cielos, hacia tierras lejanas. La llamada telefónica sobre la llegada de Vicente y su familia a California arrancó de los miembros de la familia Ramírez un suspiro de alivio.

Y luego llegaron los sonidos del silencio. La pareja de ancianos extrañaba tremendamente a los niños. Aunque esto era evidente y se expresaba abiertamente también extrañaban la presencia de Vicente y Sarita. No sólo extrañaban los detalles que hacían por ellos, sino los extrañaban a ellos, como se extraña una parte de tu propio cuerpo, tu mente y tu corazón. Sabían que a su hijo y a su familia les estaba yendo de maravilla y que estarían bien, ¿pero cómo convences a un corazón enigmático, un corazón que tiene sus propias razones? Lentamente, muy lentamente, el estrés se acumuló y con él, la hipertensión que ya existía se incrementó. Las visitas a los médicos se hicieron más frecuentes. Y la pareja de ancianos comenzaron a sufrir ansiedad y depresión. Con ellas llegaron pensamientos tristes como: "¿Quién nos va a cuidar si llegamos a enfermar? ¿Podrá Vicente llegar a tiempo para encargarse de mi cremación cuando muera?".

Las llamadas telefónicas los alegraban a veces, pero con frecuencia les dejaban un mayor deseo de sentirlos, de tocarlos, de estar con ellos. La depresión, que es tan común en los ancianos, echó raíces y desafortunadamente no se atendió, ya que se consideraba que era algo que tenía que aceptarse. La depresión se hace presa de quienes tienen una mente débil, y lo único que se necesitaba era "fuerza de voluntad" para superar la situación. ¿Padecían insomnio? Ése era un mal común entre los ancianos. Ellos simplemente necesitan menos horas de sueño, ¿tenían pensamientos tristes?

Bueno, ése era el principio del fin, ¿no es cierto? Un médico lo puede diagnosticar como depresión; una depresión que podría manejarse con la misma facilidad con que se trata la hipertensión, si uno se tomara la molestia de hacer un cambio de mentalidad y visitar al médico.

Actualmente el trabajo del médico tiene una nueva dimensión. Los hijos de nuestros pacientes nos llaman de larga distancia para preguntar por la salud de sus padres y para asegurarnos de que podemos darles el mejor tratamiento disponible y sin preocuparnos por los honorarios. Ésta es una actitud positiva y por lo general da cierta seguridad a los padres. Sin embargo, no es la solución y deben utilizarse destrezas para enfrentar cada situación; es posible que, debido al factor de la edad se requiera la ayuda de siquiatras. Por otra parte yo les pediría a los hijos que radican en el extranjero que hablen con sus padres sobre los beneficios de la asesoría médica, y al hacerlo los convenzan de buscar ayuda profesional; que de la misma manera en que consultarían a un cardiólogo para atender un problema del corazón se puede buscar ayuda profesional para enfrentarse a los problemas de la vida.

Vicente y Sarita o cualquier pareja similar se están enfrentando a una serie de situaciones que requieren destrezas ágiles de adaptación:situaciones como una estructura completamente nueva, especialmente para aquellos que nunca habían viajado al extranjero o que vienen de ciudades pequeñas y aldeas; una nueva cultura de trabajo, en la que uno tiene que demostrar sus habilidades, que es muy diferente a la actitud indiferente que se tiene respecto al trabajo en otros países; encargarse del hogar y de las tareas domésticas, sin servidumbre; ayudar a los niños a adaptarse a un nuevo entorno y a enfrentar, como lo hacen sus padres en casa, una enorme sensación de nostalgia, pues extrañan su vida en su país. Cuando se es más joven y se tiene una determinación a lograr el éxito en la vida, y no se tiene en realidad demasiado tiempo para pensar, la generación más joven se enfrenta un poco mejor a la nueva situación que los adultos mayores que dejaron atrás.

Algunos de ellos al paso del tiempo, es decir, después de un par de décadas, se adaptan a una extraña cultura ecléctica que cambia de rumbo cuando se requiere ¡y llegan a convertirse en ciudadanos americanos adaptados! Incluso estas personas "bien adaptadas" sufren periodos de preocupación y de introspección intensa. Esto es más frecuente cuando piensan en los matrimonios de sus hijos. Creo que su corazón se inclina a parejas de su misma nacionalidad, mientras que otro punto de vista les dice que para un joven que se educó totalmente en este nuevo país ese tipo de matrimonio tiene pocas posibilidades de éxito. Sospecho que hay problemas menos importantes, como los hábitos alimenticios, especialmente en lo relacionado con la diferencia de lo que se sirve en casa y lo que se sirve en las escuelas; las costumbres relacionadas con la ropa que difieren muchísimo con las de sus padres; la manera de comportase y las tradiciones que los padres sienten que sus hijos deberían seguir, y de la que los hijos se sienten muy lejanos. He sido testigo de periodos de conflictos intensos cuando llega el momento de los bailes escolares, especialmente para los padres de las chicas; he visto llorar a los padres de familia cuando los jóvenes les preguntan a sus padres por qué es malo tener una cita o por qué no quieren aceptar un trabajo en otro lugar y dejar el hogar paterno para vivir en forma independiente.

Sólo estoy mencionando unos cuantos ejemplos; todos ustedes están familiarizados con este escenario, cada familia tiene sus propios problemas para adaptarse, incluso cada persona tiene sus propios conflictos; no hay soluciones, excepto aprender a preguntarnos qué es exactamente lo que queremos de la vida y luego trabajar para alcanzarlo de forma sistemática; pedir y solicitar ayuda para ti mismo y para tus seres queridos que dejaste en tu país natal. Ante todo, no permitir que la distancia reduzca el atributo más importante: cuidar de los seres queridos con ternura y amor. Incluso a través de los cables telefónicos este amor y ternura deben darse. No esperes que sea el día de la madre o del padre o cualquier festividad que inventen los vendedores ambiciosos para encontrar algo de tiempo y mantenerte en contacto con regularidad. El dinero no sustituye el cuidado que debe darse a los seres queridos con ternura y amor. Pero como dice la gente, el dinero puede hacer que los tiempos difíciles sean un poco más fáciles. Ayuda a tus padres a sentirse cómodos, aunque no estés ahí para cuidarlos. Ayúdales a superar sus preocupaciones relacionadas con la salud. Tú sabes mejor que nadie lo que preocupa a tu familia. Unas cuantas palabras por teléfono, una carta, un mensaje por fax o un correo electrónico, a través de la computadora, podrían reducir la distancia entre los corazones.

Una advertencia especial. No te sientas responsable, y no permitas que nadie te haga sentir culpable por haberte alejado de tus padres de edad avanzada. En el mundo del amor y del cuidado, del cual espero que mis lectores sean parte, no hay lugar para ese tipo de sentimientos negativos. Siendo la persona atenta que eres y la persona cariñosa que tus padres se esforzaron en educar, no hay lugar para sentimientos negativos ni en ti ni en tus padres.

Esfuérzate para vencer tus emociones y haz todo lo posible para ayudar a los seres queridos que dejaste en casa a enfrentar su situación.

Ahora ha llegado el momento de tener algo de introspección, de que cada uno de nosotros reflexione sobre estas preguntas y tal vez surja una imagen más clara; es posible que las cosas no parezcan tan sombrías y probablemente llegues a creer que nunca existió un problema por principio de cuentas. ¡Sólo era necesario ver las cosas desde otro ángulo!

Algunos pensamientos para los padres de personas que viven en el extranjero.

1. ¿Qué aspiraciones tenías para tus hijos? ¿Una carrera productiva en cualquier lugar del mundo o en realidad nunca quisiste que se alejaran de ti?
2. ¿Aceptas el hecho de que son adultos y de que necesitan tomar sus propias decisiones? ¿De que ha llegado el momento de cortar metafóricamente el cordón umbilical?
3. ¿Qué esperas específicamente de tus hijos cuando seas anciano?
   — Cuidado.
   — Seguridad material/financiera.

— Cercanía física y estar seguro de que van a estar contigo cuando los necesites.

4. ¿En realidad crees que si tus hijos vivieran en el mismo lugar donde tú vives eso resolvería todos tus problemas? ¿Que si vivieran en Mérida, en lugar de vivir en Boston, eso tendría importancia si tú, en todo caso, vives en Campeche?
5. ¿Te preocupas especialmente por la mala salud y por si alguien podrá cuidar de ti cuando estés enfermo?
6. ¿Haz escuchado hablar del "síntoma del nido vacío" o lo que estás sintiendo es simplemente la "tristeza de la jubilación? ¿Es un periodo de hastío que atribuyes al hecho de que tus hijos están lejos?
7. ¿Haces un esfuerzo por cultivar tu propio círculo de amigos y familiares y así cultivar una sensación de cariño entre ellos?
8. ¿Te esfuerzas por desarrollar un pasatiempo, como leer, caminar, reunirte con amigos o con grupos de apoyo una vez a la semana o participas en alguna acti-

vidad de grupo en la comunidad para mantenerte de "buen humor"? Podrías pensar en recitales de música, conferencias sobre temas religiosos o grupos de personas que salen a caminar en el vecindario. Y para personas que tienen más energía, participar en una actividad cívica como organizar grupos que ayuden a limpiar el área, o escribir para la prensa.

9. Si no te interesa ninguna de las actividades anteriores y te sientes mentalmente incapacitado para pensar en alguna actividad que haga que te sientas bien, ¿estarías dispuesto hablar con un consejero o sicólogo?
10. ¿Disfrutas comunicarte con tus hijos que viven en el extranjero?, o ¿les mandas pequeñas notas alegres relacionadas con los sucesos del lugar donde vives, sobre una película que viste o algún libro que acabas de leer?, o ¿el único propósito de las cartas es hablar de tus "problemas", de tus "sufrimientos", de tus "dificultades" reales o imaginarios?

11. ¿Esperas con gusto tus vacaciones en el extranjero con tus hijos o te preocupan más las molestias de tener que hacer un viaje largo, el entorno extraño al que te enfrentarás cuando llegues allá, lo solitario que te sentirás, el hecho de que no haya nadie con quien platicar, el hecho de que no puedas salir solo y de que tus hijos pasen muchas horas en el trabajo, el hecho de que tus nietos prácticamente hablen un idioma que tú no puedes entender?
12. ¿Quisieras intentar observar y aprender cómo vive el resto del mundo? ¿Quisieras buscar algunas cosas interesantes sobre el estilo de vida de otro país?
13. ¿Les cuentas a tus nietos anécdotas felices de tu infancia, de tu vida y de tu época, de tu país de origen, y les pides que te cuenten sobre sus amigos y actividades?
14. ¿En realidad te sientes feliz con el éxito que tus hijos han logrado en otro país o preferirías sentirte desilusionado cuando renunciaran a eso y regresaran a casa para estar contigo?

15. ¿Estás dispuesto a considerar que en el mundo de hoy, que es un mundo de cambios rápidos, tus hijos, sus hijos y tú necesitan estar dispuestos a aceptar el cambio como un estilo de vida y hacerlo con alegría, en lugar de considerarlo una carga que tienes que soportar?

A continuación tenemos algunas preguntas de introspección para la generación que se ha ido a vivir a otro país. Tienes una carrera satisfactoria; estás muy ocupado cumpliendo con las numerosas obligaciones de un trabajo y de la familia. Y necesitas relajarte, necesitas tener vacaciones, no puedes estar pensando siempre en la familia que dejaste en tu patria. Me gustaría que repasaras estas preguntas, es posible que te ayude.

1. ¿Apartas cierto tiempo para llamar a casa a intervalos específicos y predeterminados a tu elección? Recuerda que un horario razonablemente fijo reduce los niveles de ansiedad de tus padres y la sensación de una espera perpetua. Las llamadas adicionales son sorpresas

agradables que siempre se reciben con gusto e incrementan la sensación de una experiencia favorable. Por otra parte la generación con la que tratas creció con el hábito de ser muy breve y muy formal al hablar por teléfono: es necesario animarlos a abrirse y a tener conversaciones normales, como si estuvieran frente a frente, y a no utilizar el teléfono como un instrumento de trabajo.

2. ¿Les escribes a los familiares que dejaste en casa, les mandas fotos, les informas sobre el desarrollo positivo de tu carrera o hablas de las presiones del trabajo y de lo pesado de tu horario?
3. ¿Les aseguras a tus padres que siempre estás ahí para ellos en caso de que te necesiten, como en momentos de crisis, o crees que esto es algo que ellos deberían "saber" y que no es necesario repetirlo con frecuencia?
4. ¿Les aseguras a tus padres que cuidarás de ellos cuando sean ancianos o en cierta forma ya los estás ayudando desde ahora a tu manera?

5. ¿Considerarías la posibilidad de hacer un acuerdo financiero definido a favor de tus padres para que no necesiten pedirte algo de manera específica cuando las circunstancias lo requieran? En pocas palabras, ¿considerarías la posibilidad de darles cierta seguridad financiera?
6. ¿Visitas a tus familiares en tu país al menos cada dos años?
7. ¿Te gustaría que tus padres pasaran algo de tiempo contigo en tu casa cada dos años?
8. ¿Les permites disfrutar el beneficio ocasional del sueño de un nivel más alto de vida, comprándoles aparatos que ahorran tiempo y esfuerzo en la casa, haciendo reparaciones por las que tú pagas, regalándoles un nuevo juego de llantas para el viejo coche de la familia, les pagas unas vacaciones que siempre han soñado?
9. Cuando te visitan, ¿les dedicas tiempo, los llevas a pasear, les presentas a tus amigos o los dejas a sus propios recursos? O lo que es peor, ¿te sientes incómo-

do porque carecen de destrezas sociales y no hablan el idioma y prefieres tenerlos encerrados?

10. ¿Los consideras abuelos cariñosos a quienes se les puede encargar el cuidado de los nietos, o los consideras como una alternativa gratuita de una guardería?
11. ¿Animas a tus padres a desarrollar nuevos pasatiempos o destrezas o consideras que son demasiado "viejos" para ese tipo de cosas?
12. Si has observado señales de ansiedad, de estrés o depresión, ¿convencerías amorosamente a tus padres a entrevistarse con un consejero? ¿O dirías que esos síntomas son típicos de la vejez y los ignorarías?
13. ¿Les has asegurado a tus padres que el hecho de que tú te encuentres en otro país no altera, ni afecta los lazos familiares y que de hecho podría incrementar la ayuda que habría sido difícil para ellos dar en otras circunstancias?

14. ¿Te sientes culpable por vivir fuera del país, por haberte casado con una persona ajena a tu cultura o algo similar?
15. ¿Te sientas hablar con tus padres diciéndoles que en este mundo feliz, todos tenemos que ajustarnos en forma colectiva y ceder, en cierta forma, basándonos en el amor y en la necesidad de cambiar y no en una imposición para adaptarnos?

Aunque tengo algunas reservas sobre el uso de la frase "tiempo de calidad" en lo que se refiere a los niños, cuando las personas son adultas, sinceramente recomiendo que se dedique tiempo de calidad a la familia; aunque sea por teléfono cuando no puede hacerse a nivel personal.

Les he preguntado a muchas personas si podrían sentarse durante media hora, sin interrupción, con sus hijos en la casa. La respuesta fue negativa, créanme que es posible hacerlo a lo largo de los continentes, con las líneas telefónicas o en las redes del *chat* (conversación a través de la computadora). Soy partidaria del tiempo de calidad.

"Todas las familias felices se parecen; cada familia desdichada es desdichada a su manera".

Tolstoi, *Anna Karenina*

¡Tengamos familias felices!

❑ ❑

12

El estrés y la jubilación

"Hola viejo, lo escuché decir que estaba envejeciendo, señor. El hecho es que lo escuché de usted y eso está causando que me aburra. Usted no deja de murmurar que ya no sirve para nada, sólo porque hay nieve en su tejado. Bueno, permítame decirle una o dos cosas sobre la edad avanzada.

"Vanderbilt añadió más de $100 millones de dólares a su fortuna a los 80 años de edad. Thiers estableció la Revolución Francesa a los 73 años y fue su primer presidente. Gladstone fue primer ministro de Inglaterra por cuarta vez a los 83 años. Wordsworth se hizo merecedor a un premio a los 73 años. Verdi escribió "Falstaff" a los 80 años. Stradivarius diseñó su primer violín después de los 70 años. A los 55 años Sir Walter Scott tenía una deuda de $600 mil dólares, pero por su propio esfuerzo pagó la deuda en su totalidad y se hizo famoso.

"Ahora, deme un apretón de manos, concentre su atención y siga adelante de una u otra forma hasta el final".

Oren Arnold

Nosotros tenemos nuestra propia lista de personas eminentes para agregarla a la lista anterior. Tenemos entre nosotros muchas leyendas vivientes, desde políticos hasta trabajadores sociales, desde artistas eminentes hasta poetas y autores. Sin embargo a menudo escuchamos que el hombre común se lamenta al llegar el momento de su jubilación, se siente inútil y siente en sus manos el peso del tiempo, muchos médicos generales y muchas familias han descubierto que esta melancolía que sigue a la jubilación ha sido causa de ataques cardiacos en personas que al parecer están saludables. ¡Lo que significa que la jubilación en sí es un factor de estrés de gran importancia!

Analicemos de cerca el significado de la jubilación, lo que le hace al individuo y a la familia y cómo se pueden tomar decisiones en forma constructiva.

¿Qué significa la jubilación para la mayoría de las personas? Aunque es un hito ya que significa el final de la vida de trabajo e implica numerosas emociones. Lo primero que experimenta una persona que se jubila es que tiene mucho tiempo en sus manos. Lo segundo que tiene es que extraña el entorno y el ambiente de su lugar de trabajo, la camaradería de los ejecutivos, la sensación de ser el capitán del barco. El tercer problema es a veces el de mayor magnitud y se relaciona con no recibir su salario al final de mes. El cuarto problema es más emotivo que los anteriores y a menudo es subjetivo; la persona percibe que la familia ya no le otorga la categoría a la que estaba acostumbrada, y cree que se le considera un estorbo; está en la casa todo el día y en realidad la familia no está habituada a esta situación y lo trata como a un extraño. Aunque no todas estas situaciones se aplican a todos y cada uno de los jubilados, es probable que algunos de los factores se apliquen a la mayoría de ellos.

A menudo se dice que los planes para el retiro deben comenzar el día que la persona inicia su primer trabajo, aunque esto podría parecer pesimista, en realidad señala que varios sucesos de la vida pueden planearse de tal manera que la jubilación no produzca demasiadas tensiones. Empezando con la planificación de tu boda y el tener tu primer hijo, todo tiene significado en el panorama más amplio. Después uno pasa a planificar la construcción de su propia casa en un momento adecuado para poder pagar las deudas antes de jubilarse. La razón para casarse y tener hijos en el momento apropiado es que en algunos países se considera que el apoyar a los hijos cuando quieren conseguir un trabajo o cuando quieren casarse es responsabilidad de los padres, tomando esto en cuenta, si uno se casa no tan joven y sus hijos nacen cuando tiene más de 40 años es poco probable que pueda ayudarlos a establecerse antes de su jubilación. Eso no significa que estas personas no hayan hecho algunos planes muy viables para cada contingencia de su vida. Pero estamos hablando del mínimo común denominador y no de los casos que han planeado bien las cosas.

La planificación financiera va a la par con esto. Estoy segura de que todos tiene su propio concepto de sus necesidades y obligaciones. Esto sólo nos recuerda que es prudente comenzar a planear en una época temprana de la vida. Muy a menudo he visto personas que dejan para más tarde sus planes de jubilación, diciendo que "falta mucho tiempo para eso" y cuando menos lo esperan, llega ese día con los miles de ajustes que implica.

Aunque podría ser posible planear con eficacia los detalles financieros de la vida cuando uno trabaja con bastante anticipación (¿pero lo hacemos?), acostumbrarse a la idea de que el tiempo pesa en nuestras manos y extrañar el entorno y a veces todo lo que acompañaba a la posición que se tenía; es más fácil hablar de esto que vivirlo. En algunos países está establecida la fecha de la jubilación para la mayoría de los empleados y lo más que llega a variar son dos años, eso significa que todos saben exactamente cuando se van a jubilar. Aunque algunas personas toman decisiones apropiadas sobre el curso de acción que van a tomar, el cual puede ofrecerles otras oportunidades de empleo, la mayoría prefiere seguir la corriente y aceptar lo que venga. Otras personas inician cierto tipo de actividad en otros campos y aunque algunos tienen éxito, la situación no favorece a la mayoría de los adultos mayores en este mundo de cambios rápidos. Los métodos de trabajo, las costumbres sociales antiguas, el rápido avance de la tecnología en la mayoría de los campos hacen que la persona jubilada se sienta perdida en el nuevo entorno. Prevalece la sensación de "ya no ser útil". Esto poco a poco podría convertirse en una leve depresión.

Algunos funcionarios, especialmente los que trabajan en el gobierno, descubren que extrañan mucho las actividades del puesto que desempeñaban antes de jubilarse. Los demás miembros de la familia también sienten que les hace falta algo. Si uno hubiera "terminado con sus responsabilidades", como se percibe en algunos países, sería más fácil acostumbrarse a la nueva situación.

Ahora abordaremos la situación caprichosa de los miembros de la familia que tienen a esta personas "nueva" en la casa todo el día, y no saben cómo manejarla; he escuchado algunas anécdotas divertidas de esposas que se quejan de que sus maridos interfieren en todas sus tareas domésticas y por lo tanto, ni se lleva acabo el trabajo, ni se materializan los sueños de disfrutar su compañía al llegar a la edad avanzada. ¡Algunas han llegado tan lejos que dicen que sus esposos parecen haber sufrido una metamorfosis y son personas "diferentes"! ¡Aquí nos topamos con situaciones tragicómicas en las que el hombre siente que debido a la experiencia que adquirió en el mundo externo al hogar él sabe más, y la señora de la casa siente que el hogar es su dominio y que ella manda en la casa! El esposo dice que él toma las decisiones relacionadas con todos los asuntos importantes, como la participación que debe tener el Banco Mundial en el avance del país, o cuándo debe reducirse la tasa del Banco de Reservas, mientras que su esposa toma todas las decisiones de menor importancia, como cuándo reemplazar la lavadora o dónde pasar las vacaciones anuales. ¡Ésta en realidad es una pareja de jubilados feliz!

Con esta sensación de impotencia y de ser un extraño en su propia casa, viene la sensación de que el resto de la familia ya no trata a la persona jubilada como la persona más importante, como el jefe de la familia, sino como un "perdedor". Ésta podría ser una percepción equivocada, o en ocasiones podría ser que la persona le entrega las riendas de la familia, sin darse cuenta, a otras personas más capaces, por ejemplo, a un hijo. Ahora la toma de decisiones es la prerrogativa de esta nueva persona, y el antiguo jefe de familia sólo es eso: el antiguo jefe de familia.

"El orden antiguo cambia, dando lugar al nuevo". Esta frase se inmortalizó en la poesía de Tennyson y me atrevo a decir que se expresó en forma más elocuente en esta cita de Thoreau. "Las cosas no cambian; los que cambiamos somos nosotros. ¡O deberíamos hacerlo!".

Es esencial que absorbamos todos los cambios sin prejuicios y sin ser críticos. ¡Y que de hecho podamos cambiar de ser la Reina a ser la madre del Rey! En esta coyuntura lo único que puede funcionar es recordar todo el repertorio de actividades posibles a las que uno se puede dedicar. Una vez más, se tiene que recurrir a las destrezas que uno adquirió en la juventud, por ejemplo: a escribir, pintar, cocinar, o cualquier otra cosa, por supuesto, las personas más aventureras pueden comenzar aprender un nuevo oficio. Yo conozco a una persona mayor, de gran iniciativa, que hizo su doctorado después de jubilarse. Aunque no todos nosotros podemos ser tan maravillosamente aventureros, no es una mala idea desarrollar algunos pasatiempos que hemos guardado cuidadosamente en algún rincón del cerebro, en una categoría marcada como: "Voy a hacer esto cuando me jubile". El espectro puede extenderse desde la bolsa de valores hasta enseñar a los niños que viven en un barrio pobre cercano. Cada persona puede tener sus propias actividades siempre y cuando use su tiempo en forma fructífera. Haré una pausa aquí para dar una advertencia. Pasar el día apostando o bebiendo en clubes de la localidad no se consideran actividades aceptables. Por otra parte, si se toma en cuenta el factor de la autoestima o el hecho de perderla, este tipo de actividades sólo aceleran el declive de la persona. De hecho, poco después la familia la considerara un riesgo y no el jefe de familia que merece respeto.

Consideremos ahora la actitud de la familia Ramírez ante la jubilación. El señor Ramírez se casó a la edad adecuada y pudo ver que su hija se casó cuando él todavía estaba trabajando. Además su hijo mayor ya había terminado sus estudios, tenía un buen empleo y estaba felizmente casado; sin embargo el señor Ramírez tuvo que hipotecar su casa al final de su vida profesional y ahora los pagos de su pensión están ligeramente atrasados. A menudo quisiera que su hijo Vicente se hiciera cargo de está hipoteca. También siente que ahora tiene demasiado tiempo libre, no tiene pasatiempos específicos, excepto leer el periódico, leer algunos libros y ver algunos programas de televisión. Sin embargo esto es una especie de manzana de la discordia. Varios miembros de la familia tienen sus propios programas y nadie está dispuesto a darle gusto al abuelo, todo lo contrario. Como el abuelo siempre está en casa ¡puede ver la televisión a otras horas! El señor Ramírez tiene algunos amigos que lo visitan de vez en cuando o a quienes él visita, pero estas visitas casi siempre se limitan a eventos familiares, como bodas.

Por fortuna no tiene vicios, aunque a veces siente nostalgia por los viejos tiempos, está contento de pasar el tiempo con su familia. "No trata de ayudar" en la cocina, ni de invadir el terreno de su esposa. Sus actitudes son típicamente tradicionales y ni en sueños entraría a la cocina; ¡de hecho no sabría qué hacer si su esposa o los otros miembros de la familia salieran de la cuidad para asistir a una boda! En su juventud había jugado bádminton y pensó que tal vez debería intentar jugarlo de nuevo. La familia cree que a su edad podría ser dañino para su salud y que sería mejor que se limitara a una actividad más tranquila. Sin embargo, cuando su presión arterial estuvo alta, su nuera Sarita lo animó a volver a jugar. Ahora pasa una hora al día en las canchas. Por lo tanto tiene nuevos amigos y pasa la tarde en forma placentera. Los psicólogos han descubierto que una vida activa y productiva protege contra los problemas cardiacos.

No obstante el señor Ramírez se preocupa porque su hijo menor no ha terminado sus estudios y teme por su futuro; con la intención de ayudarle a establecerse y también para resolver el problema de la hipoteca el señor Ramírez decidió buscar trabajo. Casi no encontró oportunidades y cuando lo hizo se dio cuenta de que estaría trabajando "bajo las órdenes de personas que él consideraba ¡niños más jóvenes que su hijo!". No se sintió bien con esta situación y no se sentía cómodo con los sistemas computarizados de contabilidad. Dejó el trabajo y se sintió deprimido durante cierto tiempo. Comenzó a preocuparse mucho.

Al verlo molesto, su esposa Camila se sintió mal y frustrada por él. Ella siempre había sido ama de casa y al serlo no tenía problemas de jubilación: ¡las amas de casa nunca se jubilan! Siguen trabajando y sorprendentemente son las últimas en quejarse de los problemas de la jubilación. Camila comenzó a preguntarse si ella podía utilizar sus habilidades culinarias y si en este mundo de empresarios ella podía iniciar un negocio de comida a pequeña escala. ¿No se ha fomentado esto tanto en la televisión? Sus hijos se opusieron a la idea con vehemencia, argumentando: "¿Qué va a decir la gente? ¿Que no te estamos cuidando y que necesitas trabajar a tu edad?". Su esposo tampoco estuvo de acuerdo. De cualquier manera el deseo que Camila tenía de ayudar no era porque estuviera aburrida o porque no tuviera nada que hacer, sino para reducir las tensiones de su esposo. El hecho de que Vicente y Sarita se fueran a vivir al extranjero acabó con estos planes y el señor y la señora Ramírez se limitaron a una vida de jubilados algo aburrida; además extrañaban a sus nietos.

La ansiedad por la salud es un importante factor de estrés en la vida de los adultos mayores. Lo mejor es tomar las precauciones necesarias, como hábitos alimenticios sensatos, ejercicio, y dormir lo suficiente; atender los problemas médicos inmediatamente para que no se agraven, tomar los medicamentos que se les prescriben a tiempo y hacerse un examen médico una vez al año. No es benéfico preocuparse por la salud. Es necesario actuar cuando se presenta un problema y no hundirse en pensamientos como "si esto pasara y si esto o aquello" o en escenarios imaginarios cuando no se tienen problema. Esto es el síndrome de: "¿Qué pasará si me da cáncer como a mi vecina?".

¡Caminar todos los días evita enfermedades, y una sonrisa al día aleja las preocupaciones!

¿Cómo será la jubilación para ti? En cada una de las siguientes preguntas elige la respuesta que describe lo más cercanamente tus expectativas:

1. ¿Cómo esperas ser a los 60 años?
   a) Espero estar no tan bien como estoy ahora.
   b) Espero estar muy bien para mi edad.

2. ¿Cuál será tu situación financiera?
   a) Espero depender de mi familia en el aspecto financiero.
   b) Espero ser financieramente independiente.

3. ¿Tendrás muchos amigos, sólo unos pocos o no tendrás amigos?
   a) Sólo tendré muy pocos amigos o no tendré amigos.
   b) Tendré muchos amigos.

4. ¿Qué tipo de cosas harás con tus amigos?
   a) No tendré mucho que hacer con mis amigos.
   b) Espero disfrutar gran cantidad de actividades con mis amigos.

5. ¿Serás feliz, alegre, curioso o tendrás una actitud sedentaria?
   a) Tendré una actitud sedentaria.
   b) Seré feliz, alegre y curioso.

Evaluación. Tus respuestas no sólo revelan cómo serás cuando llegues a la edad avanzada, sino también lo que piensas sobre las personas de edad avanzada.

Si tienes 5 respuestas "B" tu actitud refleja una vida satisfactoria y gratificante para cuando llegues a la edad avanzada.

Si tienes 3 o 4 respuestas "B", serás una persona feliz en general, pero puedes intentar prepararte para la edad avanzada en una forma más participativa.

Si tienes menos de 3 respuestas "B", desafortunadamente tienes algunos prejuicios en relación con la edad que podrían afectar en forma adversa la calidad de tu vejez.

Supongo que en la mayoría de los casos las personas tienen prejuicios, que se les inculcaron en la infancia y que han madurado al paso de los años. Son muy pocas las personas mayores que se esfuerzan por disfrutar la vida y en vez de hacerlo se dedican a comparar las situaciones y las cosas con "los buenos tiempos"; a menudo en forma crítica de lo que sucede y de las personas del mundo actual. La frase "Yo estoy acostumbrado a mi manera de hacer las cosas y no puedo cambiar", describe muy bien está actitud. Sentimos que una depresión subyacente hace que los ancianos sean muy críticos y en general difíciles de tratar. ¡No se puede esperar que alguien converse contigo si tus opiniones siempre son críticas! Yo sugeriría que la persona mayor o su familia inmediata se dieran cuenta del cambio de temperamento del individuo y que conversaran con él, tratando de involucrarlo en diversas actividades, charlas o incluso juegos. Si eso no es posible sugiero la ayuda profesional. A veces sucede que ciertos medicamentos producen un cambio dramático en la manera de ver las cosas. Debemos reconocer que el estar deprimido no tiene nada que ver con la "falta de fuerza de voluntad", y así como el exceso de azúcar causa diabetes, la falta de una sustancia química en el cerebro conocida como "serotonina" causa depresión.

Como se dice comúnmente: "Más vale prevenir que lamentar".

En el otro extremo de este espectro tenemos personas mayores que están llenas de vida y ansiosas de hacer cosas nuevas y de estar activas, pero tienen familias que no las apoyan y que hacen comentarios negativos como: "¿Por qué no se puede comportar como una persona de su edad?", o "¿Por qué tiene que gastar tiempo y dinero en sus diversiones, en lugar de quedarse en casa a leer libros religiosos?". La persona mayor tiene derecho a disfrutar su vida a su manera; ya he hecho algunas advertencias. El principio subyacente es que ninguna acción de ningún individuo debe ser destructiva y que debe conformarse con las normas de la sociedad en la que vive. Ha llegado el momento de animar a nuestros ancianos a desarrollar pasatiempos, a buscar la compañía de personas de su edad y a tener actividades de grupo juntos.

En este capítulo se ha descrito a la persona jubilada como un hombre y se han tratado los problemas que tendría un hombre. Al mirar alrededor he descubierto, y ustedes estarán de acuerdo conmigo, que las mujeres son más adaptables a nuevas situaciones en la vida que los hombres. Además los deberes generales de dirigir un hogar y el involucrarse en el cuidado de los nietos mantiene a las ancianas bastante ocupados, también, por naturaleza tienden a cultivar más amistades como sus vecinas o sus compañeras de la infancia y tienden a conservar sus contactos simplemente platicando con sus amigas y manteniendo vivas sus relaciones. Esto les da una oportunidad no sólo de ocupar su tiempo libre, sino de ventilar los problemas que pudieran tener. Hay casos de mujeres profesionistas que experimentan la fase inicial de la jubilación, pero se sabe que las mujeres se enfrentan mejor que los hombres a esta etapa. Tal vez pienses que para mí ha sido fácil escribir estas palabras y estoy de acuerdo. Pero si no se empieza, si no se hace un esfuerzo, si no se realiza un cambio, ¿cómo podemos esperar mejorar las cosas? Debemos hacer un cambio.

En relación con todo lo que las personas mayores intenten para ser felices con todo aquello que los jóvenes los animen a participar, el estándar debería ser:

"La lógica del éxito en el mundo se basa en un error: ¡El error extraño de que nuestra perfección depende de los pensamientos, las opiniones y el aplauso de otros hombres!".

Thomas Merton

"Por último: para mí, ¡la edad avanzada siempre está 15 años después que la edad que tengo!".

Bernard Shaw

❑❑

13

El estrés y las supersticiones

Este capítulo no existió en la etapa de planeación. Cuando mis amigos se enteraron de que estaba planeando hacer trece capítulos, se quedaron boquiabiertos: ¡cómo puede uno comenzar un proyecto con un numero desfavorable! Me dijeron que después de todo, incluso en los países desarrollados, los edificios no tienen un piso trece. Y poco a poco me di cuenta de lo susceptibles que somos a la superstición y de cómo este tipo de cosas inexplicables pueden afectar nuestra psique. En cada país existen supersticiones; algunas son inofensivas y es fácil vivir con ellas, algunas son más dañinas y afectan nuestras finanzas. De una u otra forma parece que juegan con la mente. Y cualquier cosa que juega con la mente a la larga se convierte en un factor de estrés. ¡Si lo haces te va mal, si no lo haces también te va mal!

"Si cualquier realidad externa te causa angustia, el dolor no se debe a la cosa en sí, sino a tu forma de verla; pero tú tienes el poder de revocarlo en cualquier momento". Marco Aurelio.

Las supersticiones son factores externos que te causan angustia: y lo que es peor, aunque eminentemente no te molesten, otras personas continuamente las enfatizan y empiezas a clasificarlas como señales de buena fortuna si actúas de acuerdo a ellas y como presagios de mala fortuna si no lo haces. La cantidad de estrés que causan estas situaciones imprevistas es tremenda. No voy a enumerar las supersticiones, sólo voy a describir uno o dos para ilustrar cómo pueden convertirse en factores de estrés. Espero que la imaginación y el intelecto de mis lectores les ayuden a interpretar las supersticiones con las que podrían toparse y ayudarles a tomar decisiones al respecto. ¡Después de todo el propósito de este libro es señalar que la vida está llena de decisiones!

Hay culturas en las que existen supersticiones relacionadas con la fecha en que las personas nacen. Supongamos que la familia Ramírez pertenece alguna de esas culturas. En este caso las familias tienen que tomar decisiones muy difíciles. Por ejemplo: su hija nació bajo una mala estrella; una fecha en que por tradición caen sobre la familia de su futuro esposo todo tipo de males. Su madre se pasa gran parte de su vida bajo la mala influencia de esta superstición. Cuando los padres de la chica empiezan a buscar una pareja adecuada para ella, se enfrentan a muchos rechazos. Supongamos que por fortuna encuentran a un ingeniero cuya familia está dispuesta a pasar esta maldición por alto. La chica se casa; sin embargo, sus padres viven muchos días de tensión, preocupándose de que este matrimonio tenga manifestaciones negativas en el hogar. Hacen un esfuerzo adicional para tranquilizar a sus consuegros y les hacen regalos muy valiosos cuando la situación lo amerita. Y también protegen en exceso a su hija porque no quieren que ella sufra. Dos años después de casada, ella no había tenido hijos. La familia se preocupa, pensando que ésta es una maldición debido a la mala estrella bajo la cual nació.

Podemos imaginar el estrés que sufre esta familia a pesar de que su hija se casó con un muchacho que es miembro de una familia comprensiva y que no considera importante ese tipo de supersticiones, la pareja de jóvenes a veces se preocupa porque algún familiar lejano o algún conocido podría fomentar esta superstición en la familia. A lo largo de su vida la familia participa en todo tipo de ceremonias religiosas que supuestamente aplacan la ira de las estrellas. Aunque es esencial reconocer que la oración tiene más resultados de los que la gente de este mundo sueña, esta familia bien podría haberse librado de este factor de estrés, a lo largo de todos estos años, pero tal vez nunca lleguen a creer que se han librado de esta espada de Damocles.

La vida tiene su propia manera de presentar desafíos. Cuando el jefe de esta familia sintió alivio porque la boda de su hija ocurrió sin contratiempos, su hijo se estaba enfrentando a los problemas de su educación universitaria. Todo el mundo les daba consejos. Uno de los comentarios más significativos les señaló que la recámara principal de la casa estaba mal orientada y que el realizar ciertos cambios estructurales bien podría presagiar tiempos favorables para ellos. El jefe de familia quedó boquiabierto. Acababa de hipotecar la casa para hacer frente a los gastos de la boda de su hija y ahora, sus amigos le decían que era necesario hacer cambios estructurales de importancia. Se trataba de su casa ancestral que sus padres habían construido hacía aproximadamente 50 años. Él recordaba los días de su infancia, en los que hubo épocas difíciles, y sin embargo, en general, la vida era tranquila y sin complicaciones. Luego de repente, ¿de dónde salió esta idea de que la arquitectura de la casa no era apropiada? De la habitación adicional que se había construido hacía veinte años, cuando él acababa de casarse. Al parecer, esto alteró el "equilibrio" de la casa.

Este hombre estaba confuso. También estaba muy tenso, pero tenía algunos problemas muy visibles. Aunque quisiera hacer las adecuaciones y la remodelación, no contaba con suficiente dinero. Estaba a punto de jubilarse y había usado la mayoría de sus ahorros, había hipotecado la casa y no se atrevía a usar sus frugales recursos, pues dependía de ellos en gran medida, para vivir después de su jubilación. Esta tensión se transmitió como las ondas en un estanque a los demás miembros de la familia; estaban de mal humor, y las visitas a los médicos comenzaron a provocarles gastos inesperados. Es posible que este hombre llegara a pedir limosna o a pedir prestado el dinero para poder hacer las modificaciones. Pero entonces, otro de sus amigos le dijo que un cambio sencillo en el marco de la puerta sería suficiente. Él literalmente expresó su gratitud a las estrellas y realizó el cambio en la puerta. Se resolvió el problema. Al menos, la familia sintió alivio. Y ya fuera debido al cambio que se hizo en la puerta o a que se hayan liberado de la tensión, las cosas empezaron a ser normales.

He escuchado numerosos ejemplos en los que una persona que está buscando empleo tuvo que presentarse a una entrevista o tuvo que viajar en un día que supuestamente es de mal agüero. Independientemente de los resultados, la persona se embarca en esta actividad sintiéndose muy tensa. Quienes creen en estas supersticiones, sufren muchísimo estrés al enfrentarse a situaciones de este tipo. Esto podría afectar su desempeño en forma adversa.

El propósito de este capítulo no es comentar o analizar si estos sucesos son buenos o malos. Tampoco es criticar a las personas u obligarlas a abandonar sus creencias. Es señalar que estas situaciones son, en potencia, fuertes factores de estrés, en especial, cuando son recurrentes o cuando implican fuertes gastos. La única solución que existe es darse cuenta de que uno está viviendo un momento difícil. Es posible que una táctica de distracción o una actividad de ejercicio físico pueda ayudar a la persona a enfrentar su problema original (y también el problema que crea el estrés de la superstición), ¡o tal vez el yoga pueda resolver la situación!

¡Como dije antes, me alejé de mi plan original para incluir este capítulo!

❑ ❑

14

De la conciencia a la acción

¡El conocimiento es poder!

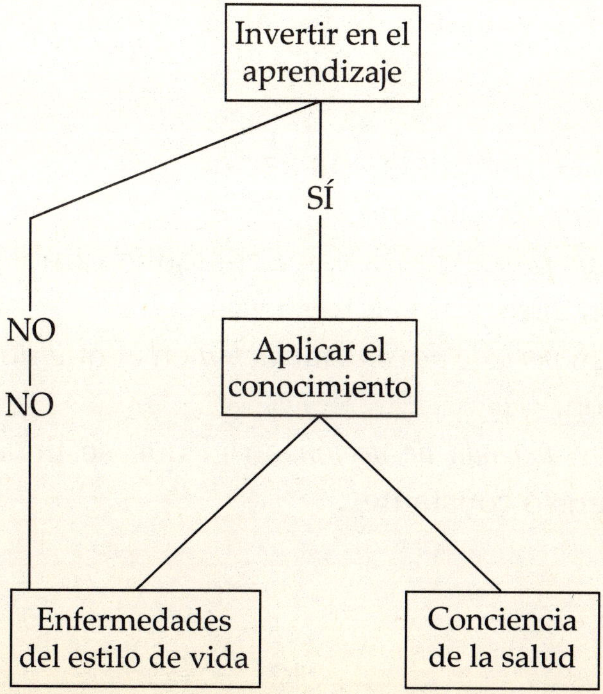

¿Cuántas personas conoces que realmente creen en respetarse a sí mismas? Las personas que tienen una alta autoestima no creen que sean perfectas, saben que no lo son, pero de todos modos, se aceptan como son. Disfrutan sus cualidades positivas, han aprendido a aceptar sus aspectos negativos y continuamente se esfuerzan por mejorar. Es probable que una persona que dice que es perfecta, tenga una baja autoestima. Por eso niega sus imperfecciones.

Una autoestima alta facilita el crecimiento emocional. Si sabes que eres una persona valiosa, cuidarás de tu salud en todos los aspectos.

De la conciencia a la acción

¿Cómo cambia uno?

Los pasos que llevan a cualquier cambio parecen agruparse en tres fases.

Un *periodo de contemplación* en el que no hay acción.

Un *periodo de acción* en el que se tiene un progreso constante.

Un *periodo de estabilidad.*

Durante el periodo de **contemplación**, se dan estos pasos.

Conciencia: "Yo podría decidir cambiar".

Cognición: "Sé cómo cambiar".

Emoción: "Quiero cambiar".

Consideremos el caso de Ramiro, el hijo más joven de los Ramírez. Supongamos y esperemos que, en este momento, él haya empezado a tener una introspección y a analizar su situación con objetividad y sin prejuicios. Supongamos también que la asesoría profesional o una charla de hombre a hombre con su padre, ha puesto las cosas en marcha. *Ésta es la etapa de conciencia.*

Ahora Ramiro necesita trabajar en la fase de *Sé cómo cambiar.* En ella, él tiene que repasar mentalmente los factores con los que necesita luchar, sus conflictos internos y cómo prepararse para enfrentar cualquier dificultad a lo largo del trayecto. En este caso, él decide dejar de culpar a su padre por no haber financiado su educación universitaria. Decide que analizará todas las oportunidades viables para una carrera futura en el curso que está tomando actualmente, decide asumir un papel constructivo en todos los asuntos familiares, ya sean de mucha o poca importancia, como ayudar a sus sobrinos.

La imagen que se crea en su mente es muy fuerte; es como el negativo de una fotografía que se transforma en una foto hermosa; así es como se fortalece su decisión. Su autoestima es alta. Ha decidido cambiar. Después, durante el periodo de acción, se compromete con el cambio y empieza a realizarlo.

Decisión: "Voy a cambiar".
***Acción:* "Estoy cambiando".**

Al realizar el cambio, la persona puede pasar una y otra vez del patrón antiguo al patrón nuevo, o puede mostrar sólo el patrón nuevo. Es posible que Ramiro encuentre muchos obstáculos pequeños y que a veces descubra que es más fácil regresar a su antigua postura de quejarse y amenazar; ya que esto le ayudaba a lograr la mayoría de las cosas sin que importara lo que deseara en la vida. La ventaja del cambio que está ocurriendo en él ahora, el aprecio y el apoyo de la familia al reconocer el esfuerzo que él está haciendo con respecto a ciertos detalles, son de gran ayuda para que se mantenga firme en su propósito. Finalmente, la persona llega a la siguiente fase:

***Forma completa:* "Ya cambié".**

Cuando esto se logra, la persona llega a un punto en el que no siente una inclinación a volver a lo de antes, a pesar de las tentaciones o repercusiones que surjan. Tiene confianza.

Estos pasos no siempre ocurren en el mismo orden o en sucesión rápida. Se podrían requerir semanas o meses, o en ocasiones, incluso años, para que una persona haga la transición.

Los cambios permanentes requieren trabajo, no milagros.

Así que, empieza hoy, ahora.

Como en todas las cosas, no hay atajos para evitar el trabajo arduo. Algunas personas tienen un deseo tan intenso de reducir su estrés, que están dispuestas a pagar grandes sumas de dinero para lograrlo. El mercado está lleno de remedios, píldoras y jarabes que prometen una vida libre de tensión y de estrés.

Ten precaución con los productos que te hacen gastar dinero y que hacen grandes promesas, sin que tengas que trabajar mucho.

Las disciplinas como el yoga y la meditación trascendental deben aprenderse de un maestro. Vale la pena gastar para aprender una destreza que se practica con una disciplina constante.

Usa destrezas, no píldoras para manejar el estrés

Al final de todo, quiero darte un consejo.

Sigue estas sencillas medidas para manejar el estrés, con el fin de volver a encarrilar tu vida.

Reconoce los síntomas del estrés, haz cambios pertinentes en tu estilo de vida, usa técnicas de relajación, haz al menos media hora de ejercicio todos los días. Descansa y duerme bien. Conserva una actitud positiva hacia los factores de estrés; considéralos oportunidades para el crecimiento.

Toma decisiones, maneja tu tiempo, no dejes las cosas para más tarde y aprende a delegar el trabajo.

Cuando el estrés empiece a intensificarse, identifica qué factores puedes controlar. Aleja los demás de tu mente. Como dice la famosa frase: "¡Que Dios me dé la sabiduría para identificar aquello que no puedo cambiar!".

No seas perfeccionista, de vez en cuando cede ante los demás, aléjate de la crítica y no seas competitivo. Habla con otros, ayúdales; eso hará que te sientas bien. Aléjate de vez en cuando y disfruta de unas cortas vacaciones, libera tu enojo con actividad física.

No consumas mucha cafeína y aléjate del alcohol y las drogas. Aunque parecen relajantes en ese momento, su uso excesivo o a largo plazo es muy dañino para la salud.

Sé el primero en sonreír y en ser amigable. ¡Diviértete!

Recuerda que dedicarse sólo al trabajo y nunca a divertirse, embota a la gente y la llena de estrés. Saca alegría de la vida. No te tomes demasiado en serio. ¡Mira el aspecto más agradable de la vida y sonríe con frecuencia!

Sí, diviértete, canta, ríe con un amigo, siente las gotas de lluvia sobre tu cara, corre con tu perro, contempla las nubes, saluda a un extraño, vuela una cometa, abraza a tu hijo, besa a tu esposa/esposo, cuenta un chiste, lee un libro, haz una broma, cocina tu platillo favorito, riega las plantas, escríbele una carta a un amigo, ve una película, y ante todo, ¡aprende a reírte de ti mismo!

¡Y relájate!

Tiempo libre

¿Qué es esta vida si está llena de preocupaciones,
y no tenemos tiempo para detenernos y contemplar nada?
No tenemos tiempo para quedarnos bajo las ramas
y contemplarlas como lo hacen los corderos y las vacas.
No tenemos tiempo para ver el bosque cuando lo atravesamos,
donde las ardillas esconden sus nueces entre la hierba.
No tenemos tiempo para ver a plena luz del día,
los arroyos llenos de estrellas como el cielo nocturno.
No tenemos tiempo para responder a la mirada de la belleza
y observar sus pies y cómo pueden danzar.
No tenemos tiempo para esperar que sus labios
enriquezcan la sonrisa que empezó en sus ojos.

Esta vida es pobre si al estar llenos de preocupaciones,
no tenemos tiempo de detenernos y contemplar

William H. Davis

De vez en cuando escuchas que esta tierra no te pertenece, que la heredaste de tus mayores para entregarla a tus hijos.

Por el bien de tus hijos, relájate ahora para que puedas darles el precioso don de una vida libre de estrés, de una mente clara, de una sonrisa feliz, de un sentido de autoestima tan grande que los problemas diarios de la vida no les afecten.

Finalmente, para evaluar la eficacia de lo que he dicho en este libro, necesito pedirte que me ayudes con otra hoja de calificaciones.

¿Podrías hacerlo una vez más? Mi maestra de matemáticas insistía en que cuanto más trabajaras con tus tablas de multiplicar, mejor las recordarías. Es verdad, porque yo las recuerdo al derecho y al revés. Entonces allá vamos.

Califícate:

4 puntos para: siempre

3 puntos para: casi siempre

2 puntos para: la mayoría de las veces

1 punto para: algunas veces

0 puntos para: nunca.

Durante la vida común y corriente:

1. Tengo al menos una comida caliente al día.
2. Duermo al menos de siete a ocho horas diarias.
3. Tengo algunos amigos o familiares en quienes puedo confiar.
4. Hago ejercicio con un vigor razonable, por lo menos tres o cuatro veces a la semana.
5. No fumo.
6. Sólo tomo dos o tres copas a la semana.
7. Tengo suficiente ingreso para cubrir mis necesidades.
8. Puedo hablar abiertamente de mis sentimientos cuando estoy preocupado.
9. Interactúo con los miembros de mi familia sobre los problemas domésticos.

10. Hago algo para divertirme, por lo menos una vez a la semana.
11. Organizo mi tiempo con eficacia.
12. Dedico al menos quince minutos diarios a mí mismo.
13. Tengo buena salud.
14. Participo en una actividad comunitaria al menos una vez al mes.

Cómo calificar esta sección:

De 45 a 60: ¡Felicidades! Estás bien equipado para enfrentar el estrés cotidiano.

De 30 a 44: Vas por buen camino y se requiere un poco más de esfuerzo para que tengas una vida libre de tensión.

Menos de 30: Al parecer eres vulnerable al estrés, tal vez quieras volver a leer el libro y practicar ejercicios de respiración, yoga o técnicas de distracción para empezar.

Durante periodos de mucho estrés:

1. Ordeno mis responsabilidades, según su prioridad, y atiendo primero las más importantes.
2. Me niego a asumir más responsabilidades de las que puedo encargarme con firmeza y no en forma agresiva.
3. Me abro y hablo sobre mis sentimientos, ya sea enojo, tristeza o frustración.
4. Practico técnicas de relajación adicionales cuando me siento tenso.
5. Buscó ayuda externa cuando es necesario.

Cómo calificar esta sección:

De 15 a 20: Manejas muy bien los periodos de estrés.

De 10 a 14: Vas bien, pero con un poquito más de esfuerzo, lo harás mejor.

De 0 a 9: Debo recomendarte que leas el libro de nuevo. Para empezar, no te tomes en serio, ríete de todo, canta, duerme bien, y como dicen:

¡Hoy es el principio de un nuevo día! ¡Relájate y disfrútalo!

TÍTULOS DE ESTA COLECCIÓN

- 31 mantras para desarrollar la personalidad
- Alimentos que están matándote
- Cómo controlar la ira
- Cómo cuidar tu corazón
- Cómo mantenerse siempre feliz
- Controla tu mente y dile adiós al estrés
- ¿Cuál es tu CI emocional?
- De la desesperación a la alegría
- Descubre tus talentos ocultos
- Diabetes. Su control
- El éxito a través delpensamiento positivo
- El libro de la etiqueta y los buenos modales
- El poder curativo de los mudras
- Elimina tu estrés
- Libérate del dolor de espalda y cervicales
- Libertad de pensamiento
- Memoria viva
- Por favor mamá, ¡es mi vida!
- Ser un ganador
- Vida después de la muerte

Impreso en Offset Libra

Francisco I. Madero 31

San Miguel Iztacalco,

México, D.F.